子育ては諭吉に学べ！

齋藤 孝

筑摩書房

子育ては諭吉に学べ！◎**目次**

編集協力＝辻由美子

子育ては諭吉に学べ！

はじめに

福澤諭吉の言葉はいまの世の中でもそのまま通用するものがたくさんあります。時代は変化しても、福澤の根幹の考え方はまったく色あせません。それどころか、福澤の言葉を改めて知ると、百八十年も前の人なのに、強烈なメッセージとして私たちに突き刺さってくるものがあります。

そこが福澤のすごいところでもあります。

しかし多くの人は福澤の根幹をなす考え方、とくに福澤がもっとも重視した教育論についてそれが何かを即座に言うことができません。

福澤諭吉は慶應義塾を作った偉大な教育者ですが、せいぜい「天は人の上に人を造らず人の下に人を造らず」という有名な言葉を思い出すくらいです。せっかく一万円札の顔になっているのに、福澤諭吉についてあまりに知らなさすぎるのはもったいないことです。

有名な「天は人の上に人を造らず」という言葉にしても、それが福澤を代表する考え方ではありません。あの言葉は、人権は天から与えられた平等のものであるという西洋の思想「天賦人権説」を『学問のすすめ』の中で紹介したものです。福澤が『学問のすすめ』で言いたかったことは、人は学んだか学ばなかったかによって、人間が変わってくるということです。だから学問をしなさい、と言っているわけで、「天は人の上に人を造らず」はその前提として述べたにすぎないのです。

しかし私たちは福澤が『学問のすすめ』という本で学問をしなさいと言っているらしい、ということをおぼろげに知っているだけで、彼の考えの多くを知らないのです。それではあまりにもったいないと思い、私は『学問のすすめ』の現代語訳を出しました。ほかにも福澤が書いたものには、いまだからこそ、読んでほしいものがたくさんあります。

私が日本の自伝の中でもっとも面白いと思っている『福翁自伝』や、『文明論之概略』、人生論・生き方などを語った『福翁百話』など数多くの著作からうかがえる福澤諭吉の主張は、教育学者の私からみても、ほとんどが現代でもそのまま通用するものばかりです。

百年以上のときを超えても色あせない、そしていまの日本にこそ意味があると思われる福澤の教育論を、とくに小学生前後のお子さんを持つ親御さんたちにぜひ読んでいただきたいと思い、この本で紹介してみました。

お子さんに良い教育環境を与えたいと思っている親御さんたち、〝お受験〟を考えている方たちには、福澤の教育論はおおいに参考になると思います。

第一章

まずは獣身を成して後に人心を養う

――すべての基礎は身体にあり

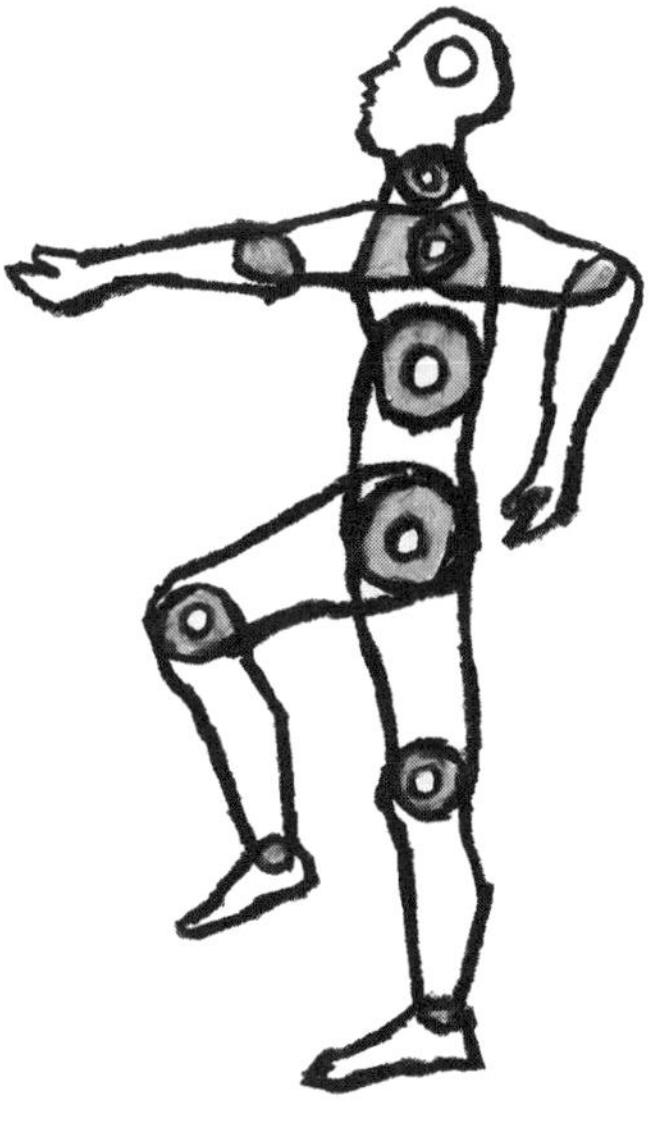

福澤は教育の鉄則として「まずは身体を養うこと。勉強はそのあとでもいい」ということをつねに強調していた。身体が第一の資本であって、それがあれば、勉強はあとからでも追いつくことができる。逆に最初に十分な身体感覚がないと、取り返しがつかない。この章では慶應幼稚舎でも実践されている福澤の土台にある教育観をとりあげる。

幼い頃は身体の発育を重視せよ

親が教育に福澤諭吉をどう活かすかということですが、まず標語として覚えておいていただきたいのが、「先《ま》ず獣身《じゅうしん》を成して後に人心《じんしん》を養え」というものです。これは『福翁百話』の「身体の発育こそ大切なれ」（三十一話）をはじめとして、福澤があちこちで述べている彼の教育論の根幹をなす考え方です。

すなわち、身体が健康であることが一番で、基本は身体であるという福澤の考え方が、この「先ず獣身を成して後に人心を養え」に凝縮されています。簡単に言うと、あまり幼い頃から知育、つまり頭ばかりを鍛えるのはよくない、と言っているわけです。

福澤は、身体の発育と言葉の学習のどちらを優先すべきかといえば、幼い頃は身体の発育を重視せよ、という強い考え方を持っています。福澤の教育の根幹は何かと言ったら、ひたすら獣のような身体、つまり獣身を養うということだと言い切ってしまってもいいでしょう。

慶應幼稚舎（慶應では小学校のことを幼稚舎といっています）出身の人に聞くと、やはり幼稚舎では身体を鍛えることがひじょうに重んじられているそうです。私が一緒にテレビ番組で仕事をしているアナウンサーの中には、幼稚舎のラグビー部出身者が二人もいます。

小学校でラグビーをやっている学校は少ないのではないでしょうか。なぜ慶應幼稚舎でわざわざラグビーをするのかというと、ラグビーが体ごとつながり合い、ぶつかり合いながら、前へ進んでいく競技だからでしょう。

ラグビーは怪我をしやすいスポーツです。ぶつかり合って、下手をすれば、骨が折れるかもしれない。そういうことを小学生のときからやることによって、むしろ怪我をしない身体を作っていくという考え方があるのではないかと思います。

友だちとがっちりスクラムを組んで相手とぶつかり、組み合って前に進む競技からは、人としての協調性や、人と力を合わせて困難に立ち向かっていく姿勢が学べます。またひとつのボールを大切に守りながら、みんなで協力しあってゴールをめざすなど、身体ごと人生の基本が学べるという意味でも、ラグビーはまたとない教材になります。

たしかにラグビーを普通の小学校で指導するのは難しいでしょう。しかし慶應幼稚舎であえてそのような部をつくった、ということ自体、福澤諭吉の考え方の中の「獣身を成す」というところがかなり実践されているのではないでしょうか。

『福翁百話』によると、「先ず獣身を成して後に人心を養え」は「我輩の常に唱うる所にして」とありますから、親鸞《しんらん》が「南無阿弥陀仏《なむあみだぶつ》」とつねに唱えていたように、福澤諭吉の中でもこの標語はお経のように唱えられていたといってもいいでしょう。

そして「天下の父母たるものは決してこの旨《むね》を忘るべからず。注意に注意して尚《な》お足らざるべし」と念を押しているところをみると、福澤諭吉がとくに父母に強調しておきたかった教育の要がここにあるということです。

「獣身を成して後に人心を養え」は、福澤の子育ての第一の標語として、ぜひ親御さんたちの金言にしていただきたいと思います。

人間の子も動物の一種である

福澤が獣の身体といったのは、人間も獣の一種だからです。だからちゃんと獣らしく発育させなさいという意味です。『福翁百話』には「父母の子を養育するは固《もと》より天然の至情にして又義務なり」とあります。父母が子どもを養育するのは天然の愛情であり、義務であるというわけです。

ではどうやって育てるのかというと、まず第一に子どもが生まれたときは「人間の子も亦《また》一種の動物なりと観念して」、動物の母親が自分の子を育てるのと同じように、まずは命を生かすことに全力を注がなければいけません。

生きてもらうために、本能的に抱きかかえるとか、泣いていたらおっぱいをあげるとか、はいはいさせる時期にはいはいさせるといったことが先で、「その智愚如何《いかん》は捨てて問わず、唯《ただ》その身体の発育を重んずること牛馬犬猫の子を養うと同様の心得を以《もっ》てして」と述べています。

つまりこの子は知能指数がどれくらいかしらとか、賢いのかしらと思って育てることはないわけで、牛や馬、犬や猫の子を養うのと同じように、身体の発育を重んじながら、すべての基本を身体に置いて、大切に育てなさいというわけです。

そして「衣服飲食の加減、空気光線の注意、身体の運動、耳目の習養等」に気をつけなさいと言っているのですが、面白いのは「耳目の習養」です。福澤は幼い子に知育を叩き込むのはよくないと言っていますが、「耳目の習養」と述べているので、クラシック音楽など心安らかになるものであれば与えてもいい、というのではないかと思います。

耳の感覚を育てるには、環境は大事です。適度な刺激があるからこそ、感覚が研ぎ澄まされてくることもありますので、感情をうまく養うような豊かな文化的なもの、あるいは風の音や川のせせらぎなど自然のものを上手にとりいれながら、感覚を育てる情操教育は積極的に行ってもいいでしょう。しかし、文字による学習はあまり早くしすぎないように、というのが福澤の考えです。

そして「一切動物の飼養法に倣《なら》うて発育成長を促し、獣体の根本既に見込みを得たる上にて徐々に精神の教育に及ぶべし」と言っていますので、動物が子どもを育てるようにやり、それができてから徐々に知育の教育に移っていくのが、福澤のすすめる教育のやり方です。

この順序関係をはっきりさせることが大切です。わが子に慶應幼稚舎をはじめとして、いわゆる〝お受験〟をさせようと、早くから言葉を教え、五、六歳にもなれば大量の本を読ませようとする親御さんがいます。

そしてわが子を、しゃきしゃきと言葉を話してもうほとんど小学校の高学年と変わらないまでに仕上げて、〝お受験〟に臨もうとする方もいるでしょう。

でもまず子どもがきちんと獣のような、しなやかで、はつらつとした身体を発育させているかどうかのほうが重要だということです。

むしろ五、六歳くらいでしたら、文字は読めないけれど、ものすごく生き生きと活動できるとか、何事にも積極的であるとか、ほかの子どもとキャッキャッと楽しそうに、上手に遊べるとか、そういう能力のほうを福澤は評価していますし、おそらく学校側のほうでも求めていると思います。

身体の感覚が脳を育てる

身体のほうが大切だという意見に対して、知育に関する早期教育の重要性を主張する人たちもいます。

たしかに小さい子どもの吸収力はものすごいものがありますから、幼い頃から大量の文字情報、言語情報をたたきこめば、それなりの結果はあらわれます。そのような早期教育の必要性を訴える人もいることは事実です。

たとえば胎教の段階から始まって、ゼロ歳児、一歳児が大事ということで、その頃から良い音楽や言葉を聴かせる教育を提唱した人もいます。ソニーの創業者の一人、井深大《いぶかまさる》さんもその一人です。井深さんは『井深大の胎児は天才だ――教育は生まれる前からはじめる』（チクマ秀版社）でも早期教育の大切さを強調しています。

たしかに幼児期は吸収力が並外れているので、できるだけ多くのものを学ばせたほうがいいという考え方にも一理はあります。

バイリンガルに育てる教育はその一例です。バイリンガルの耳に育てるには生後一年以内が効果があるといわれているので、アメリカでは生後一年以内の子どもに中国語を教えるという実験をした研究もあります。

しかしこれを中途半端にやってしまうと、母語がはっきりしないリスクをともなうことを忘れてはいけません。私は帰国子女がたくさん集まる学校の先生たちとも親しいのですが、そこではいろいろな問題が起きているそうです。

そういうことを考えますと、わが子をバイリンガルに育てることにも意義はあるでしょうが、その前にそれを受け止めるだけの身体の発育が必要ではないでしょうか。

身体というのは、骨、筋肉だけでなく、内臓やもっと大きくいえば、身体の一部としての脳の発育があります。身体の感覚が脳を育てるのは、いまの脳科学では常識となっています。知育の要である脳を育てるためにも、まずは身体を鍛えて、身体の感覚を研ぎ澄ますことが大切なのです。

「身体は人間第一の宝なりと心得、如何なる事情あるも精神を過労せしめて体育の妨《さまたげ》を為すべからず」と福澤は述べています。

勉強のしすぎだと身体を動かす機会が奪われるので育つべきときに身体が育たない。もちろん脳も育たない。すると弱々しい、発育の悪い子になってしまって、後からでは取り返しがつかなくなってしまいます。

そこまでいかなくても、勉強のしすぎで、身体を損ねてしまうことは往々にして起こります。これは中学受験をみてみると、よくわかります。中学受験をして、戦いを勝ち抜いた子の三分の一は眼鏡をかけています。

優秀な学校に行ったとき、眼鏡の子の割合がひじょうに多いのに驚いたことがあります。これはもう、ものすごく厳しい受験勉強をやってきた結果ですから、その子たちは大変な努力をしたということです。

しかし福澤が生きていれば、「それはちょっとやりすぎではないか。小学生だから、努力して勉強すること自体は悪いことではないが、やりすぎて身体を損なうことになってはいけない。目のほうが大事だよ」と言うのではないでしょうか。

勉強させるのは七、八歳になってから

『福翁自伝』でも福澤は身体が大事だということを再三述べています。

「品行家風」という章の中に「体育を先にす」という文章があり、そこでは「さてまた子供の教育法については、私はもっぱら身体《しんたい》の方を大事にして、幼少の時から強いて読書などさせない」と述べています。

福澤諭吉くらいの教育者になると、わが子にはさぞかし小さい頃からたくさんの本を読

ませているのかと思ってしまいますが、意外にもそうではないのです。

「まず獣身を成して後に人心を養うというのが私の主義であるから、生れて三歳五歳まではいろはの字も見せず、七、八歳にもなれば手習をさせたりさせなかったり、マダ読書はさせない。それまではただ暴れ次第に暴れさせて、ただ衣食にはよく気を付けてやり、また子供ながらも鄙劣《ひれつ》なことをしたり賤しい言葉を真似たりすればこれを咎《とが》めるのみ、その外は一切投げやりにして自由自在にしておくその有様は、犬猫の子を育てると変わることはない。すなわちこれがまず獣身を成すの法」である、と書いています。

そして八、九歳になって初めて教育の門に入れて、毎日時間を決めて勉強をさせるのですが、そのあとも身体のことはなおざりにするな、という主張です。

これを読むと、私たちが普通に持っている感覚——つまり七歳くらいになって小学校に上がって、そこから文字を覚えて、勉強を始めればいい、と感じるのとそれほど違わないように思えます。

しかし現代においては福澤が生きた時代と少し事情が異なっていて、幼児の時代に十分身体を育てていない場合がほとんどです。幼児にＤＶＤを長時間見せたり、テレビ、ネットから流れてくる映像をずっと流したまま見せておく家庭は珍しくありません。

また子どもがゲームにはまってしまい、楽しみの度合いを超えて、それを取り上げると禁断症状のように泣き叫ぶこともあります。現代では目から入る情報が大量にありすぎて、身体が発育しにくい状態が生まれていることが、福澤の時代との大きな違いです。

また福澤がいた当時の〝勉強〟がいまの〝勉強〟と異なり、かなり高度だった点も忘れてはいけません。当時は教育といえば読書でした。それもかなり難しい漢文で書かれたものを素読《そどく》して読ませていました。この当時の読書は子ども用に書かれた優しいものではなく、大人向けの本格的なものだったのです。

読書によく使われていた『論語』の文章にしても、「吾十有五《われじゆうゆう》にして学に志す」とか「己の欲せざるところ、人に施すことなかれ」といったものが漢文で書かれているのを、返り点を付けて、先生と一緒に読んでいく素読法が中心でした。

江戸時代、寺子屋の教科書としてよく使われていた『実語教』を私は現代語に訳して出版したことがありますが、あれなども原文を見ると漢文です。それを七歳くらいから素読しているわけですから、そもそも当時の子どもは漢文の能力が非常に高く、日本語力も現代の大人並みに身につけていただろうと思われます。

その証拠に、当時の素読法の教育を受けた人の文章は、その後大人になって書いたものをみても、やはり漢文調です。福澤諭吉の文章も、「〜すべからず」というように完全に漢文の文体になっています。

福澤の時代はそのような徹底した訓練が待っていたわけで、その前はできるだけ身体を使いなさい、という教育でした。つまり、勉強する前は野性児のように徹底的に身体を鍛えておき、いざ勉強に入ると、大人並みの厳しい修業が待っているというメリハリがあったのです。

そこが現代とは違うといえば違いますが、いずれにしても、勉強に耐えうるだけの身体を作っておかなければ、「後に人心を養う」こともできないわけです。

暴れることで作られる身体のエネルギー

その身体の鍛え方ですが、当時は剣術がありました。少し大きい子どもになると、剣術と倫理的な側面を支える『論語』が教育の二本柱として行われていました。しかし福澤はあまり剣術を習いなさいとは言っていません。それよりむしろ自由自在に「暴れ次第に暴れさせて」と言っています。

この「暴れ次第に暴れさせて」は実に面白い言葉だと思います。まさに昭和の昔懐かしい子どもたちを彷彿《ほうふつ》とさせます。私は昭和の時代の写真集を見るのが大好きですが、それを見ると、子どもたちはみな外で遊んでいて、男の子はやんちゃ坊主そのもの、女の子はお転婆です。

たとえば、前の子の股の間に頭をつっこんで、五、六人が馬になってつながる馬乗りという遊びがあります。つながった馬の上にもうひとつのチームが馬跳びで思い切りドンとのしかかるのです。つながった馬が切れてしまうと、負けになります。

私が小学生の頃はこの遊びがずいぶん流行っていました。でも途中でこれは危ないということになって、多分学校では注意が回ったのでしょう。いまではこの遊びをやる子はほとんどいなくなりました。

これなどは本当に暴れ放題に暴れる遊びであって、当時はそれで怪我をしたという友だちもいませんでしたが、いまの子は身体が弱くなっているので、もしがやったら、大怪我をするかもしれません。だから学校では絶対にやらせない。ますます弱くなるという悪循環におちいっています。

私は何百人もの小学生を教えたことがありますが、その感想としては、いまの子はちょっと線が細いという印象を持っています。昭和の写真集を見たり、私自身が昭和三十五年生まれですから、その時代を生きてきた自分と比べると、私の世代やその少し前の世代はいまの子どもよりずっと足腰がしっかりしていたと感じます。そして呼吸力が強い。

身体のエネルギーをワーッと感じられるような子どもの割合が高かったように思います。

それはここ二十年くらいのタイムスパンで見ても、顕著《けんちょ》です。私は二十年間明治大学で教えていますが、二十年前の学生といまの学生を比べたら、頭はそれほど差はありませんが、身体のエネルギーという点では、二十年前のほうが荒々しいものがありました。

みんな朝まで飲み続けるとか、語り明かすとか、爆発するようなエネルギーがありました。それがだんだんおとなしくなってきて、全体に身体のエネルギーが穏やかで、荒々しくありません。文字通り、線が細くなって、男子学生でも腰と足が細い。ちょっと生命力が薄れている印象を受けます。

二十年前の卒業生に授業で話してもらうと、在校生は口々に「パワーが自分たちには足りないとわかった」と感想を言います。

だからといって、いまが全部悪いというわけではありません。まじめで良い学生が増えているので、授業もやりやすくなっています。発想力も豊かです。トータルとしていまが悪いとは言えないとは思いますが、そうは言っても生命力や活動性が低くなってくると、この後、彼らは少子化の日本を支え、世界の強者たちと戦っていけるパワーがあるのだろうかと心配になってしまいます。

この身体の根幹からあふれ出るエネルギーは、抽象的なものではなく、じかに接していれば、誰でも感じられるものです。

「あの人はエネルギーがあるよね」というような人は、やはりそれだけの仕事を成すし、遊びもしています。遊ぶにしても、仕事をするにしても、何事につけてもパワーがあるのです。

遊びたくもないし、仕事をバリバリする気もないし、何か元気が出ないな、という人は、エネルギーが表に出ていく回路がどこか作りきれなかった。そういう弱点を持っているのではないかと思います。

だからこそ、子どもの頃はムリな勉強などしなくていい。福澤の言うように、暴れ放題暴れさせて、「獣身」を作ることがいまの日本の教育にはもっとも必要とされているのではないでしょうか。

小学校では無理をさせず、中学でアクセルを踏む

福澤は「三歳五歳まではいろはの字も見せず、七、八歳になってもマダ読書はさせない」と言っていますが、実際、自分自身の子どもに対してもそうだったようです。

『福翁自伝』によると「世間の父母は動《やや》もすると勉強々々と言って、子供が静かにして読書すればこれを賞《ほ》める者が多いが、私方の子供は読書勉強してついぞ賞められたことはな

いのみか、私は反対にこれを止めている」と述べています。

これは面白い言い方です。福澤の家庭では勉強ができるとか、読書をしていることが良いことではなくて、むしろ運動をしているほうが良いことだとほめられていたのです。「柔術体操がエラクなったとかいえば、褒美でも与えて賞めてやるけれども、本をよく読むと言って賞めたことはない」という家庭でした。

これは福澤自身の生い立ちも影響しているでしょう。自身が「自分はそれほど早くから字が読めて、読書勉強ができたわけではない」ということを『福翁自伝』で述べています。しかしやる気になったら、早くから勉強していた子どもたちを一気に追い抜いたと自慢しているので、もともとの頭は良かったのでしょう。

福澤が生まれたのは中津藩（大分県）の下級藩士の家でした。子だくさんだったため、子どもは放ったらかしで「幼少の時から論語を読むとか大学（儒教の経典のひとつ）を読むくらいのことは遣《や》らぬことはないけれど」、勉強は嫌いだったようです。

「私一人本が嫌いということもなかろう、天下の子供みな嫌いだろう。私は甚《はなは》だ嫌いであったから、休んでばかりいて何もしない。手習いもしなければ本も読まない」という勉強嫌いの子どもでした。

それが十四、五歳になって、初めて読書を志したのです。周囲はもう難しい本を読んでいますから、「甚だきまりが悪い」と述べています。

しかし「天稟《てんぴん》、少し文才があったのか知らん、よくその意味を解《げ》して」、素読になると先生に勝ってしまう。自分は意味を理解したり、解釈することがひじょうに得意だったと言っています。

とくに『左伝《さでん》』（中国の歴史書『春秋』の注釈書で『春秋左氏伝』のこと）が得意で、十五巻全部を通読して、それを十一回読み直し、面白いところを暗記していたそうです。この時期に、主だった本は一応読み終わっていて、とくに『左伝』のようなものは十五巻を十一回読み返したというのですから、いまの中学生ぐらいのときには、重要な古典は読破し終えていたわけです。すごいものです。

『福翁自伝』を読むと、福澤は小学校の低学年くらいまではあまり勉強せず、高学年あるいは中学校くらいで一気にアクセルを踏んで、みんなを追い抜いてしまったとあります。まさに「獣身」のエネルギーがあればこそ、という気がします。

私自身、どうしてこれほど福澤諭吉に共感するところが多いのかと思っていたのですが、そのひとつが私自身もひじょうに暴れ放題、暴れて小学時代を過ごしてきたからなのだと、思います。

毎日、日が暮れる前に家に帰ることはなく、とにかくエネルギーが果てるまで、遊び尽くして暮らしていたものです。チャンバラをしたり、鬼ごっこをやったり、野球をしたり、体が疲れきるまで遊びきる。

だから小学校時代というと、もうほとんど遊びきった記憶しかありません。私は静岡市立の田町小学校という普通の小学校でしたから、当時は塾に行く子さえもほとんどいませんでした。

ですから、子どもは毎日遊ぶことしかやることがありません。もちろん学校の宿題はありましたが、それは友だちと一緒に「せーの」という感じで三十分くらいでやっつけてしまって、あとは遊びに行くという生活を十二歳になるまでやっていました。そんなふうに小学生の間、ずっと遊び続けてきたおかげで、そのエネルギーのようなものがいまの自分の基本を作ったように思います。

もっとも、福澤が言っている「読書」は『論語』や『大学』といった難しい漢文を叩き込むようなもののことです。

いま、私たちが小学生の読書で思い浮かべるような、『ハリー・ポッター』や『はてしない物語』、あるいは『ねずみくんシリーズ』『かいけつゾロリ』のような子ども用に書かれた、ワクワクするような物語を読むことではありません。

そういう楽しい読書であれば、いわゆる勉強一本やりではないわけですから、福澤もあえて反対はしなかったのではないか、と思います。

ですから、小学生時代は遊びを中心に暴れ放題暴れて、身体を作るのが基本ですが、子ども向けに書かれた本を読んだり、自然や良い音楽にふれて、情操を養うのは積極的に行ってもいいと思います。

男の子の身体がひ弱になってしまったわけ

子どもを勉強させるときは、きっちりと正座させる。小さい子どもがこんなことを強制されたら、もう走り出したくてたまらなくなるでしょう。福澤は、走り出したくなるような子は走り出させておけ、そこはあまり無理をさせるなと言っています。

これが小学校に入っても座っていられないというのでは困りますから、小学一年生になる頃にはある程度座っていられるようにするのは良いと思います。

しかし、あまりにも小さい頃からおとなしい子どもに育て過ぎてしまうと、先にも述べたように、ひ弱な身体になってしまいます。いまは親が「あれもいけない」「これもいけない」と言いがちなので、急速に日本の、とくに男の子の身体がおとなしくなってしまっています。それが私にとっては衝撃です。

以前、斎藤メソッドの学習塾を主催したさい、体育館で子どもたちに裸足で鬼ごっこをさせたことがあります。

するとある子が何かに足をぶつけて、足の指の骨を怪我してしまったのです。裸足にしたのは、足の裏の感覚が鍛えられることや、相撲をとったり、体操するのに良いと思ったからですが、怪我をする子どもが出てしまったことで、「やはり裸足はやめておこうか」と学習の内容がどんどん受け身になってしまいました。

学校などでも、親から「怪我をした」とか「どうしてくれるんだ」というクレームが来れば、だんだん無理をさせなくなるでしょう。

そういう悪循環によって、いっそう身体が弱くなるということが続いてしまい、身体の弱い子どもが増えてしまったのだと思います。

いまの学校は親からのクレームが来ないよう、どんどん保守的になっています。慶應幼稚舎のように子どもにラグビーをやらせる学校はほとんどありませんから、学校で身体を鍛えることはあまり期待できないかもしれません。ここは親が勇気を持って、わが子に体をぶつけ合うような遊びをさせてみるということも必要なのではないでしょうか。

バイリンガルはリスクと背中合わせと心得よ

『福翁自伝』では自分の子どもの教育についても具体的にふれています。福澤は自分の長男一太郎と次男捨次郎を帝国大学の予備門（東大の予備機関）に入れて修学させていました。そこは寮生活でしたが、子どもたちは予備門に行くと胃が悪くなり、家に呼び返して手当てをすると良くなるということをくり返していました。

「とうとう三度入れて三度失敗した」と福澤は嘆いています。「このままにしてやって行けば、生徒を殺すにきまっている」ということで、予備門の勉強は三、四年かかるが、その間に大学の法律を早く改正してもらいたい。このままでは東京大学は少年の健康を損なう所と言われてもしかたないだろうという意味のことを言っています。

さすが面白いことを言うものです。福澤は決して日本の大学の学問が悪いといっているのではありませんが、「何としても身体が大事」という説はあくまで変えない。胃が悪くなるようだったら、学校の意味はないと断罪するのです。

『福翁百話』でも身体を大事にするのは子ども時代だけではない、そのあとも同じで一生身体を大事にしなさい。そのためには生理学を学ぶことも大事です、と言っています。

つまり福澤の教育の中心は身体の発育ということだと思います。

ここを基本に教育していくと、早く勉強させねばという焦りにせきたてられることはなくなります。とはいっても、あまりにスタートが遅いととりかえしがつかなくなる分野もあるのではないか、と不安になることもあるでしょう。具体的に言えば、一番心配になるのはおそらく英語についてでしょう。英語は早くやればやるほど、あとが楽だといういわれ方もしていて、幼少期からわが子を英語塾に入れる親も増えています。

ここで、英語教育に対して親がとりうる態度をあげるとすると、ABC三つのパターンがあると思います。ひとつ目のAパターンは、はっきりとわが子をバイリンガルにすると決めて、そのような生活に入るということです。

たとえば子どもをアメリカンスクールに入れて、学校では英語ですが、家に戻れば日本語で話すという生活や、外国で生活し、子どもが自然にバイリンガルになるというやり方です。

子どもに無理がないのであれば、両方の言語を理解する耳が自然にできてくるのはいいことだと思います。

一説によると、多言語を話す人は、両親の話す言語の種類にもよるそうです。つまり両親がどのくらいの言語ができるかによって、子どもがどれくらいの言語ができるかが決まってくるという、ひじょうに単純な法則があるようです。わが子をバイリンガルにするには、両親も複数言語が話せたほうがより望ましいでしょう。

ただ、外国に住んでいて、学校では英語やその他の外国語を話し、家では日本語という生活を送る場合、ちょっと難しい問題が起きることがあります。

私の周りを見ていましても、テレビで活躍する芸能人などの中にはこれがうまくいったケースがありますが、反対に精神的に不安定になるケースもけっこうあります。私が教育学者の立場で言うとすれば、ごく自然にバイリンガルになったのではなく、人工的に無理やりバイリンガルにすることについては、普通に育てたときより、精神的に問題が起きやすいリスクがある、と指摘しておきます。

というのは、母語がはっきりしないことによるアイデンティティの喪失があるからです。日本語しかできないのであれば、自分が日本人であるというアイデンティティをごく自然に持つようになります。

アイデンティティとはいうのは存在証明のことで、私たちは日本人としての証明の仕方を持っているわけです。ですから日本の文化と言えば、自分の文化だとごく当たり前に思うことができます。

ところが、英語も日本語もどちらの言語もできるのですが、母語が日本語でなくて、英語で考えるのが自然だという子どもが日本で暮らしていると、「自分は何人なんだろう?」というアイデンティティの不安がつねにつきまといます。

かといってアメリカに行けば、自分はアメリカ人かと言われると、そうでもない。日本人かもしれない、と思ってしまいます。でも日本にいると日本人ではないかもしれない。そういう精神的な不安定さが、バイリンガルでない子どもより大きくなるのです。

これは個人差も影響します。兄弟そろって、親の仕事の都合で外国に長く住んでいたとしますと、兄のほうはうまくいったのですが、弟のほうは精神的に不安定になってしまったということもあります。子どもにもよるわけです。

ひどいケースになると、日本語でも英語でも何語でもない言語を話してしまう子どももいます。ちょっと聞くと英語のようですが、英語ではありません。英語っぽいけれど、言語になっていない。言っていることがめちゃくちゃであるというケースがあります。

これと似ているのが、フロイトが治療したシュレーバーという患者の症例です。厳格な父親に育てられたシュレーバーは、子ども時代、正しい姿勢を保つために拷問器具に等しい道具を使って背筋を伸ばすことを強制されました。それが原因で後年パラノイアになってしまうのですが、わが子を無理にバイリンガルにするのは、それとはもちろん異なりますが、リスクは伴います。

ですからバイリンガルにするには環境が整った中で、細心の注意と覚悟をもって行うべきだと思います。

幼い頃から英語に耳を慣らしておく

親が取りうる英語教育に対するふたつ目のBパターンは、発音のような、耳で聞くものを幼いときや小学校時代に慣らしておくという考え方です。これは、文字情報や文法というより、音を聞きとっていく練習です。

これに関しては、音楽の場合も同じですが、あまり年齢が高くなってからやっても、聞き取りができなくなってしまいます。幼い頃に英語の耳を育てておくことは、かなりの成果が確認されていますので、無理をしない範囲で聞き取る耳を緩やかに育てておくことは問題ないと思います。

ここをめざしているのが、いまの日本の小学校での英語教育です。無理に文法事項を入れないで、ただ英語に親しんでおくとか、聞き取りができるようになるとか、発音が良くなるというような考え方がふたつ目のBパターンです。

みっつ目のCパターンは、小学校の間は英語をやらずに、中学一年からアクセルを踏んで一気にできるようにするというパターンです。私は自分の子どもに関してはみっつ目のCパターンで臨みました。

というのも、かりに英語を使って仕事をしたり、難しい英語の契約書まで書くことになったとしても、中学からの英語で十分間に合うと思ったからです。現に私の友人たちはだいたい中学校から英語を始めた人間が多いのですが、みな高度な英語を使って仕事をしていて、とくに不自由もありません。

アメリカでは英語を話す人ばかりですが、だからといって、難しい文章が理解できたり、ましてや契約書を作成するなどという専門的な仕事はできない人が多いのです。でも日本でしっかり英語の勉強をした人間は、英語の契約書でもチェックができます。私も中学から英語を始め、大学のときには英語で論文を書いていましたので、その点は不自由なかったように思います。

ただ、自分自身を振り返ってみますと、やはり聞き取る耳に関しては、もう少し早くからやっておいたほうが良かったのかなと思います。英語でビジネスをしている友人たちの中でも、小学校時代に発音だけは塾でやったという者が多い。音声に関しては、やはり幼い頃からの習得が有効かと思います。もともと日本語のルーツは中国語の音を聞き取って書き記したものですから、音の種類が少ない言語だといわれています。たとえば、観察の

「観」、漢方の「漢」、看護の「看」は、日本に入ってくるとき、すべて「かん」になってしまいました。発音が同じに聞こえてしまったのです。

中国ではそれぞれ違う発音ですが、日本人はみな同じ発音に聞こえてしまった。日本人は驚くほど聞き取りが苦手ということがあるようです。言語的に言うと、普通の日本人はあまり耳が良くないのです。中国語は発音の種類が豊富なので、中国人が英語を習うほうが日本人より有利だと言われています。

ですから子どもに英語を学ばせる選択肢としては、CパターンよりBパターンに主流が移行しつつあるのが、現状であり、国の方針でもあります。

ABCどのパターンでいくのかは、各家庭での判断もありますが、私が危惧しているのは、英語ができないとこの先、生きていけないのではないか、というやみくもな不安感を抱きながら暮らしていくことです。それは精神衛生上も良くありません。

私たち日本人は勤勉に働くことを大事にすべきであって、英語ができるかできないかに必要以上にこだわることはありません。

たとえば英語ができる国としてはフィリピンやインドがありますが、英語さえできれば、どこでも仕事ができるとか、豊かな生活ができるというわけではありません。

いたずらな不安感を抱きすぎて、自分たちが浮足立ち、自信を失っていくのは馬鹿げています。英語が話せなければ会社には必要ないという言い方をする企業もあると思いますが、それよりもっと根幹的なことがあるはずです。

全世界を見渡したとき、植民地にされた国々などでは、英語を話している国もありますが、そういうところが日本より高い生活水準を保っているかといえば、必ずしもそういうことではありません。

日本がいま、世界でもっとも安全で文明が進んだ国であることは、ほぼ客観的な事実ですから、そのことに自信の基盤を置いて、英語に対しても落ち着いて対処すべきではないかと思います。

英語が話せるからとか、難しい字が読めるからとか、早いうちから計算ができるから、ということに重きを置くより、「身体を鍛えることが一番の基本だ」という福澤の主張に、いまこそ私たちは耳を傾けるべきでしょう。

第二章
家風こそ無上の良教師なれ
——家風で品格を育てる

家庭は子どもが「一番楽しいところ」と思えるようにしなければいけない。父親と母親が相反する教育観で子どもに接したり、夫婦間の対立を子どもに見せるのは論外である。家庭さえ和気あいあいとしていれば、あとは最低限の徳育で子どもはまっすぐに育つものである。家庭の品格がすなわち子どもの人間としての品格を育てるのだ。

一家団欒が家庭の基本

福澤諭吉が現代に生きていたとしたら、家庭のあり方についておおいに意見を述べるに違いないと思います。福澤は家庭では知識を無理に叩き込むより、家庭内の気風を良くすることが大事だと考えています。

第一章で述べた身体の発育が教育の第一の柱だとすると、家庭内のあり方が福澤の教育の第二の柱になろうかと思います。すなわち、福澤は教育の基本は、「何かを教える」ではなく、あくまで家庭内の雰囲気だと言っているのです。

そのことについて『福翁百話』にはこんな記述があります。「唯《ただ》家内周囲の言語挙動を美にして、苟《いやしく》も醜猥《しゅうわい》ならず、苟も残忍ならず」。

「残忍」というのはちょっと怖い気がしますが、直前までの江戸時代にはかなり酷な躾も行われていたでしょう。罰を与えるのに、縛りつけたり、竹刀で殴ったりということもよくあったようです。

小林一茶にも「わんぱくや縛れながらよぶ蛍」という句があります。わんぱく小僧が木か何かに縛られていて、その状態で蛍を呼んでいるという、まあ、厳しいのだか、のんきなのだか、よくわからない句ですが、ともかく厳しすぎる罰が昔はあったと思います。現代では昔のようなお仕置きはさすがにないと思いますが、厳しい体罰やＤＶが横行する家庭であってはいけません。

さらに福澤は「苟《いやしく》も偽らず、苟も争わず、活潑に立働きて家人の団欒《だんらん》たること、春風の和するが如《ごと》く、秋水の清きが如くなれば、柔軟自在なる小児の為《た》めには家風こそ無上の良教師なれ」と言っています。

柔らかくて自在な、何にでもなるような子どものためには、「家風こそ無上の良教師なれ」と言っているわけです。この「家風こそ無上の良教師なれ」が福澤の子育ての第二の標語です。この言葉もぜひ覚えておいてください。

では、どんな家風にすればいいのかといいますと、「家人の団欒たること」と福澤は言っています。

「家族団欒」という言葉は明らかに江戸時代にはなかった言葉です。明治政府ができて以来、日本が一つの家であるという考えにのっとり、国全体を一家としてみなすと、一家もまたこのように温かくしていこうというところから、「家族団欒」「一家団欒」という言葉が生まれたのではないでしょうか。

おそらく福澤諭吉は早くからこの団欒の考えを持っていたと思います。それは英語で言うと、「スイートホーム」という言葉にヒントがあります。

福澤にとっては、アメリカの家庭、西洋の家庭の中にあるスイートホームが一種の理想だったのでしょう。「スイート」は甘いという意味ですから、甘い、温かな家庭ということだと思います。

品格ある家風が清廉潔白な子どもを育てる

しかし福澤が唱えたスイートホーム、「一家団欒」は甘いだけではありません。

一家の団欒の基本は何かと言うと、『福翁百話』四十話では「子供の品格を高くすべし」と「品格」という言葉を使っています。つまり福澤の言う「一家団欒」は「品格」を持った凜とした背骨のあるものです。

ここがいまの甘やかし放題の家庭とは異なります。

そして「品格を高くしろ」と言いますが、決して「子供の頭を良くすべし」とは言っていません。品格とは頭が良い子や優秀な子を育てることではありません。「家風を美にして子供の美質を発生せしむべき」と言っています。

つまりどんな家風が良いのかというと、福澤は「美である」と言い切っています。美しいということ、生き方においても、行動においても節度を保ち、美しくあることを重んじること、これが品格を育てるのです。

また家庭は子どもにとって安らげる場所であり、誇らしく思える場所でなければなりません。「元来子供の性質は我父母を善き人と思い我家を楽しき処《ところ》と思う心あるゆえ」、つまり子どもは自分の父母や家庭が良いと思う性質があるので、「我家ほど尊《たっと》きものはなし、我家人ほど品格の美なるものはなし、我家こそ実に至美至善の楽園」であると子どもが思えば、「自から他に異《こと》なる所なきを得ず」と言っています。

その意味は自分の家ほど良いものはない。自分の家族ほど品格に美があるものはない。我が家こそが、最高の美、最高の楽園であるという信じられる家に生まれた子どもは、見苦しい人、変なことをやる人がいても、それには染まらないよ、ということです。

要するに、この家に生まれて良かったと子どもが思う、自分の家を誇りに思う、こんな楽園はないというふうに思えたとき、子どもはほかから悪い影響を受けにくいのです。「仮令《たと》い近処の子供等は見苦しき言語挙動するも、是《こ》れは他人の事なり」、たとえ近所の子どもが悪いことをしても、朱に交わることはなく、みな他人事になってしまいます。

こうした家風で育つと、「我家の子は我家風に対して強壮活潑、清浄潔白ならざるを得ず」、強くて活発であって、清く潔白になると言っています。清浄潔白というのは嘘や表裏がなく、すっきりしていることです。

福澤諭吉は自分自身がすっきりした性格の人間なので、企みがあって、腹黒い人間が好きではありませんでした。ですから清浄潔白で表裏がなく、すっきりとした人格を育てるのが良いのだと強調しているのです。

福澤諭吉はおそらく自分のことが好きだったに違いありません。ですから自分自身のことも踏まえて、さらには西洋の良いところ、日本の良いところを照らし合わせながら、子育ての目的を設定しているのだと思います。

「清浄潔白」という言葉もそこから生まれてきたのでしょう。嘘がないことはもちろん、人を羨んだり、嫉妬したりしてひがむような気持ちも、清浄潔白ではありませんから、そうしたドロドロした感情がない子どもを育てるには、家風も「清浄潔白」でなければなりません。

「強壮活潑」という言葉にも注目してください。福澤は活発さを大変評価しています。何に対しても積極的であり、自分から求めていくそういう積極性も、活発で品格ある家風から生まれます。

つまり家庭の雰囲気、家風の通りに子どもは育っていきます。品格がない家風から、品格ある子どもが育つわけはありません。親の顔を見れば、子どもがわかるというのはまさにこのことを意味しています。

家風とは土壌であり、光や空気である

家風と言うと、私たちのイメージでは、厳しいお父さんがいて、「うちの家風はこうなんだ」と言っているような頑固な感じがあります。しかし福澤が言っている家風はもっと自由な家の〝雰囲気〟といったものです。自由な家風でありながら、節度はあり、そして活発なのが、福澤の求める理想的な家風です。

いまと違って当時の家庭には基本的に節度がありました。戦前の家庭でも、母親は子どものことを「何々さん」とさんづけで呼び、丁寧な言葉づかいで話をしました。もちろん子どもも、親に対して丁寧な言葉づかいを使っています。

たとえば広島に原爆が落ちたとき、犠牲になって全滅した旧制広島県立広島第二中学校一年生三百二十一人の記録が『いしぶみ』（ポプラ社）という本となって残されています。原爆が落ちたあとも、何日か生きていた子どもたちがたくさんいました。その子どもたちが父親や母親に語る言葉がものすごく丁寧で、配慮に富んでいます。

迎えに来た親に対して虫の息でも「ありがとうございました」と言ったり、「お母ちゃ

んもいっしょに行くから」と言う母親に「あとからでいいよ」と心を配ったり、およそ子どもとは思えない気高さと品格に満ちあふれているのです。

戦前の教育は間違っていたとよく言われますが、たしかに軍国主義教育は誤っていたにしても、親子の情愛や丁寧な言葉づかいを見ると、必ずしも教育のすべてが否定されるべきだとは思えないのです。

家風に関していうと、当時はただ厳しいだけの理不尽な家風もあったと思います。まだ封建時代の名残があって、家長である父親が食卓につくまでは家族はどんなに空腹でもご飯に箸がつけられないとか、家長が風呂に入るまでは誰も入ってはいけないという習慣も残っていました。家長を中心にした序列も決まっていて、女は男より下というのが当たり前でした。

福澤はそうした身分制度や序列が大嫌いでした。家庭の基本は夫婦であって、その夫婦はお互いに尊敬しあい、和やかに過ごすというのが良いと言っています。この時代にあって、それまでの男尊女卑の常識は良くないのだ、と言い続けており、女性の道徳とされていた貝原益軒《かいばらえきけん》の『女《おんな》大学』を徹底的に批判しています。『女大学批判』（講談社学術文庫）を読んでもらえば、福澤の男女同権思想がいかに徹底したものかわかっていただけると思います。

『福翁百話』でも二十四話で「夫婦の間敬意なかるべからず」とあり、夫婦は「相互《あいたがい》に親愛すべき」であり「親愛の外に敬意なかるべからず」、つまり敬意を持てと言っています。

江戸から明治になったばかりの当時は、男尊女卑の考え方がまだ一般的でしたから、夫婦平等と思う人は少なかったろうと思います。そんな中でこのようにお互い尊重しあう雰囲気を作りなさいという福澤の主張は画期的です。夫婦の互いを認め合うその気持ちが家風を作り、子どもを育てるのです。

母親だけが教育に夢中になって、「どんな習い事をさせようか」とか、「どんな塾に通わせようか」などと必死になり、旦那さんとはあまりコミュニケーションをしない家もあるようですが、それを福澤諭吉が見たなら、「基本が間違っている!」と指摘するでしょう。夫婦が互いに敬意を持って仲良くし、温かい家庭の雰囲気を作ることこそが子どもを育てる良い家風になるのです。

子育ては植物を育てるのに似ていると私は思います。

植物に向かって「ああしろ、こうしろ」と急がせても、無駄な感じがします。「何でお前はそっちに伸びるんだ。こっちに来い」と言っても、思ったようにはなりません。そうではなくて、土を耕し、日が当たるようにして、環境を整えてやればいい。そうすればすくすくと自然に育っていきます。そして気が付いたら、立派な木になっている。

植物は、ゆっくり生長しているようでも、確実に伸びていきます。そして五年、十年もたてば、立派な大樹になっているのです。

だから、身体を発育させるのは動物のイメージで、家風を作るのは植物のイメージでとらえたらいいと思います。種をまき、自然に芽が出て、だんだんに育っていって、気が付いたら大樹になっていたという、そんなイメージで、家風を作ってください。

家の雰囲気が植物の土壌となり、光となり、温かい空気となって、すくすくと伸びる大樹を育てるわけです。

苦楽をともにしてこその家族である

家族団欒は楽しいものですが、人生は楽しいことばかりとは限りません。苦楽を教えるのも、また教育のひとつです。『福翁百話』の二十三話には「苦楽の交易」という項目があります。

「家族団欒は至極楽しきことなれども、凡《およ》そ人間世界の事は交易の主義を以て組織」とあり、人生には苦楽の両方があると言っています。

さらに「一人《いちにん》の子を産めば一人だけの苦労を増すと共に歓びをも亦《また》増し、二人、三人、次第に苦楽の種を多くして半苦半楽、詰《つま》る処《ところ》は人生活動の区域を大にするものと云うべし」と述べています。産んだ子どもの数だけ苦労も喜びも増すわけです。喜びも苦労も代わるやってくるということだと思います。

「畢竟《ひっきょう》浮世の人事に苦楽交易の約束ある」と言っていますから、喜びも苦労も代わるやってくるということだと思います。両方が混じっているのが人生です。

子育ても苦労は多いけれど、楽しみもあります。それが嫌なら一生独身ですごすしかありません。福澤も「元来人の我儘《わがまま》の一方より云えば、独身ほど気楽なるはなし。あらゆる快楽は独り之を専《もっぱ》らにして、苦痛あれば自業自得と観念するのみ」と述べ、結婚すればいろいろな制約があるものだと言っています。まるで、いまの少子化の原因を早くも指摘しているようです。

スイートホームについては、「西洋の語に之をスウィートホームと云う」というのがあって、家族団欒とは「夫婦和合して一身同体」「苦楽は家の苦楽にして人の苦楽にあらず」、すなわち夫婦一身同体となって苦楽をともにし、家族の苦労は家の苦労としてみんなで分かち合おうと言っています。

そして「仮令《たと》い不幸にして貧苦なるも、苦中却《かえつ》てますます団欒の情を厚うして」、つまりたとえ不幸にして貧乏であっても、苦しいなか、ますます団欒の情を培っていけばいいと述べています。

福澤はスイートホームの日本流を勧めていたといえます。このスイートホームの考え方からすると、家庭内でお父さんのことは放っておいて、子どもと母親が一体化して、お受験に向かっていく姿勢は、家風としてまったく駄目だということになります。

まずはお父さんとお母さんが仲良く語らいあって、その中で子供が安心して育っているのが理想です。ということは、いまのように親の目がすべて子どもに向いてしまっている状態は明らかにおかしいとわかります。

そのおかしさがおままごと遊びの衰退に顕著にあらわれています。そもそも、子どもは親がやっていることを真似して成長していくものです。かつては子どもたちの間でおままごと遊びが流行っていました。両親の姿を見て、こういう家庭を作りたいと思うから、両親を真似しておままごと遊びをしていたのです。

しかしいまは両親が作ったような家庭を自分も作りたいというふうに、回路が再生産されていないようです。これはひとつには、母親の意識が完全に子どもに向かってしまったことが原因と考えられます。子どもはつねに母親から監視されていると感じ、「これをやらなくては」と追い立てられてしまうので、親を見ている暇がありません。

おままごとをしていた時代は、親が忙しくて子どもを見ている時間がなかったので、むしろ子どものほうが親を見て、「こんなふうにするんだな」と観察できました。子どもは見る側だったのです。

ところが、いまの子どもは一挙手一投足を監視されている状態です。自分のほうから親を見ようとしても、お父さんは家にあまりいません。お父さんとお母さんもあまりコミュニケーションをしていません。そして、自分はお母さんとばかり交流しているけれど、お母さんはいつも「こうしろ」「ああしろ」と言ってばかりになると、一家団欒の家風で育つのと違って、つねに自分に何かが要求されている状態になってしまいます。

そんなふうにつねに視線が当たっている状態は、水をやり過ぎた植物と同じです。手間をかけ過ぎたために腐ってしまう、おかしくなってしまうというわけです。そこには真似したいと思えるような団欒もありませんし、第一、親を観察して真似している時間もありません。

手間のかけ過ぎとは反対にネグレクトという問題も起きています。子どもをないがしろにして、どこかへ預けてしまい、顧みない親のことです。そういう事件がときどき起きています。

子どもを育てる意思が薄く、家に置きっぱなしにしてしまったとか、パチンコをやるために車の中に置きっぱなしにして、熱射病で死んでしまったなど、そういう事件を起こす親はネグレクト系です。手間をかけ過ぎるのも、ネグレクトも、いずれも一家団欒とはほど遠い家庭の姿です。

家風とはまずは互いを尊重しあう一家団欒があること、そしてそこに品格があることです。

ひと言添えておきますと、家庭とは決して両親がそろっていなければいけないものではありません。福澤自身、若い頃に父を亡くして苦労しています。にもかかわらず、亡き父の存在感は大きいものがあって、これが福澤の家庭観にも多大な影響を与えています。

ですから片方の親が亡くなってしまったとか、離婚してシングルの親が育てているという家庭でも、団欒と品格は大切であり、それさえあれば子どもは何の問題もなく、すくすくと育っていくのです。

品格とは武家のような落ち着いた家風のこと

ともかくその家の家風を作っていくことが大切です。武家の家風とまではいかなくても、ある程度の品格を持った家風を作ることは大事だと福澤は強調しています。

『福翁百話』でも子どもの養育については「家風を重んずること昔年《せきねん》の武家の如くにして、始めて品格を維持して誤ることなかるべし」と言っています。福澤諭吉は自由闊達な人格ではありましたが、きちんとした武士の家の子どもですから、節度というものを自ずと大切にしていました。

自由に育てるという側面だけを切り取って見てみると、たんなるわがまま、野放図に走りがちですが、もし福澤諭吉のような人間を作りたいのであれば、武士の家のような節度ある家風の中で、ひじょうに自由な気質の子が、あまり監視の目を向けられずにのびのび育った、という構図があればいいのではないでしょうか。

イメージとしては、親の愛情はたっぷりありますが、いちいち細かく指図されない家庭、節度ある家の雰囲気があって、その上で好きなことを活発にやらせてもらえる家庭という感じです。

そういう家庭で育ったのが福澤諭吉だったとすると、何のルールもなく、ガタガタしている家で育った子どもと、福澤の言うように「武家の如く」な家風の家で育った子どもとでは、育ち方や人間の大きさに相当な開きが出てくると考えられます。

ですから親は、たんに温かい家庭の雰囲気をめざすだけではなく、ある程度の品格を維持する意思を持っていていいのではないでしょうか。

品格があるというのは、具体的に言うと、落ち着いていて怒鳴ることがないとか、言い争うことがないという雰囲気だと思います。武士の家で怒鳴ることは恥ずかしいことでしょう。どんなときも落ち着いていて、つまらないことで争ったりしないのを理想とします。兄弟げんかをして、自分の思い通りにならないからと言って、どちらかが泣き叫ぶというようなことはないわけです。

自分のわがままを優先させないのが武家の家風ですので、そういう環境で育つと、落ち着いた雰囲気が自然に身についてくるということです。

温和で活発さを大切にした福澤の子育て

家の雰囲気というのが大事だ、ということについては『福翁自伝』の「品行家風」にも記されています。

そもそも福澤にどれくらい子どもがいたのかというと、「結婚の時私は二十八歳、妻は十七歳」ということで、一太郎、捨次郎から始まり、四男五女が生まれて全部で九人になり、しかも「九人とも生まれたままみな無事で一人も欠けない」と書いてあります。

当時、子どもが九人いるのは、それほど珍しくありませんでした。私の父親も兄弟が九人か十人いたと思います。そういう意味では福澤に子どもが九人いても驚くことではありませんが、一人も失わず、健康で育ったのは、まさに身体を重視して、きちんと育てた結果です。

その子育て法は「子供の活動を妨げず」に徹し、「着物よりも食物の方に心を用い」、滋養物を与えるようにしたということです。身体の栄養はしっかりとらせていたわけです。

しつけ方は、温和と活発のふたつを大事にしていました。

「温和と活発とを旨として、大抵のところまでは子供の自由に任せ」ていました。だから風呂の温度も、子どもそれぞれに応じて、子どもが自由にぬるくも熱くもできるようにさせていたというのです。

当時は風呂の湯が多少熱くても、子どもは我慢して入るのが普通だったのでしょう。しかし福澤の家では一人一人の子どもに応じた湯温があったというのですから、驚きです。

しかし食べ物に関しては、「勝手に任せて何品でも食い次第にするという訳《わ》けではない」と言っています。やはり身体の健康については人一倍気を配っていたようです。

活発さを大事にしていたので、子どもが障子や唐紙を破ったり、乱暴しても大きな声で叱ることはありませんでした。

日本の家屋で障子を破ると大変です。私も昔の写真を見ると、破れまくった障子が写っています。あまりに乱暴だったので、小さい頃、家では「スサノオノミコト」と言われていたそうです。しかし福澤諭吉の家庭では、そのような乱暴狼藉《ろうぜき》にも、大きな声で叱ることはなかったのです。

「酷《ひど》く剛情《ごうじょう》を張るようなことがあれば、父母の顔色を六《むつ》かしくして睨《にら》むくらいが頂上で」「手を下して打ったことは一度もない」、つまり体罰はしませんでした。

さらに、福澤の家では誰であれ名前は呼び捨てにしませんでした。厳父慈母の区別もなく、「厳と言えば父母共に厳なり、慈と言えば父母共に慈なり」であって、厳しいのは父親、優しいのが母親という分担をしていない。厳しいと言えば二人とも厳しいし、優しいといえば二人とも優しいという家庭だったようです。

当時は父親は厳しく、母親は優しくが当たり前でしたから、その区別をしないのは斬新な家庭だったと思われます。

「一家の中は丸で朋友のよう」、つまり友だちのようだと言っていますが、勘違いしてはいけないのは、いまの時代の「友だちのよう」に、子どもが母親にぞんざいな言葉を使ったり、子どもが親を見下すというのとは違います。それはおかしいと福澤も言うに違いありません。

いまと時代も違いますので、当時はそもそも親に対して友だちのようにぞんざいに話しかけることなどなかったでしょう。「丸で朋友のよう」であっても、おのずとそこに親子の節度は守られていたと思います。しかし封建制度が色濃く残っている明治時代においては平等を旨とした福澤の家庭は画期的だったと思われます。

そんな家庭でしたから、「今でも小さい孫などは、阿母《おっか》さんはどうかすると怖いけれども、お祖父《じい》さんが一番怖くない」と言っていたようです。「お祖父さん」は福澤諭吉自身のことです。

要するに温和で活発な空気を作っていくこと。無理に怒鳴らず、呼び捨てにもせず、仲の良い朋友のような空気を作っていけば、子どもはきちんと育つと、福澤自らが証明し、実践しているわけです。

家庭内には秘密がなく、すべてが平等に

家に秘密事がないのも、福澤の家庭の特徴でした。夫婦の間に隠しごとがないのはもちろんのこと、あの子には話してこの子には内緒などということはありません。すべてオープンにしていたということです。

また、古風な目で見ると、家庭の中で「尊卑の礼儀」がないように見えるかもしれませんが、まあ、それもいいだろうと、さばけたことを言っています。

たとえば家の主人が外出するときは、家内のものが玄関まで出て見送りをし、お辞儀を

するのが世間ではありましたが、福澤の家ではそんなことはありませんでした。福澤自身、玄関から出ることもあれば、台所から出ることもあったようです。人から無作法と言われようと、そんなことは気にしない、と言っています。

また「九人の子供があるが、その九人の中に軽重愛憎ということは真実一寸ともない」ということで、九人の子どもの間に、長男、次男とか、男の子、女の子という違いをいっさいつけませんでした。

長男だから大事だとか、女の子で良かったということもなく、完全に平等に、親のえこひいきをしなかったというのです。

財産の分配に関しても、誰かにたくさんやって、誰かが少ないということもありません。だから「子供の中に不平があろうたッて有られた訳けのものでない」と言っています。福澤がある人から何百品もの蒔絵や金屏風などを購入したのですが、家に置いておいても邪魔になるだけなので、子どもに分けたことがあったそうです。そのときは、品物を九つに分けて、くじびきで欲しいものを決めていったというエピソードが『福翁自伝』に載せられています。

ひじょうに平等な分け方ですから、不平が出るはずもありません。このように福澤の家庭は「区別をつけない」ということがひとつの気風になっていました。

留学中の子どもに送った三百通を超える手紙

親子のコミュニケーションに気を配っていたのも、福澤の家庭の特徴です。福澤の長男次男が六年間、アメリカに行っていたときに、福澤は子どもたちに三百何十通という手紙を書いて送りました。

その内容は「無法なことをして勉強し過ぎるな」とか「倹約はどこまでも倹約しろ」とか、しかし健康に関することは「金次第で如何《どう》にもなるということならば、思い切って金を使え」とか、とにかくまめに手紙を書き、送っています。

よく、「子どもを自立させる」と言って、まったく連絡を取らない親もいます。下手をすれば、子どもが家にいるのに、何をしているのかわからない親さえいます。

高校生でも子どもが外泊しているのに知らないとか、夜中に戻ってきても平気な親もいますが、そういう親に比べると、毎便、船便に合わせて手紙を書け、「用がなければ用がないと言ってよこせ」というように、距離は離れていても、精神的には親子のつながりをしっかり保っていたのは、親の愛があふれている証拠です。そのあらわれとしての三百何十通の手紙だったといえます。

手紙の中には「半死半生の色の青い大学者になって帰って来るより、筋骨逞しき無学文盲なものになって帰て来い」と檄を飛ばしているものもあります。これはいかにも福澤諭吉らしい言い方です。下手な学問をして青っ白くなるくらいだったら、丈夫な無学なもののほうが良いというのは福澤の本音であって、アメリカに六年行ったら、必ずや学ぶものはあるだろう。それだけでも十分なんだという気持ちです。

「半死半生の色の青い大学者」というのは、身体がひ弱なだけでなく、精神的に弱いということも含んでいると思います。福澤は教育というものを、つねに強靭な身体と心をセットに考えていたことがこの一文を見てもわかります。

教育に銭を惜しむなかれ

金を使うべきときには思い切って使えというのは、福澤の教育方針のひとつです。福澤は教育費にお金をかけないのはおかしいという考え方の持ち主です。教育費になぜこれほどお金をかけないのかということが『福翁百話』にも書かれています。

「教育の功能は、世人一般の想像し予期するが如く、広大なるものに非ず、又不可思議なるものに非ず」と言っていて、教育の効果とは世間の人が想像するように無限ですごいものではない。ある程度、先天的なものに依存してしまうものだから、だからこそ「子弟の為《た》めに学校を選び」、才能を伸ばすようにしてあげることが重要なのだ、と言うのです。

そのために資金を使うことは必要で、「公にも私にも子弟の教育に銭を愛《お》しむ勿《なか》れ」と強調しています。

この「教育に銭を惜しむなかれ」も、子育てを考えるとき、一つの標語になるかと思います。教育の価値を考えたとき、お金は決して惜しいものではありません。

たとえお金を子どもに残したとしても、その子が自活していけないのであれば、お金は大した力にはなりません。財産が何千万かあっても、相続税で取られてしまう人もいますし、もらったお金は案外だらしなく使ってしまいます。それよりも、自分で稼げるようにしてあげるのが親の務めです。

それをやるのであれば、教育費という形で相続をするのが、むしろ良いのではないかと福澤は言っています。

私もその考え方にまったく同感です。お金の使いどころとしては、子どもが二十歳くらいになるまでの教育費にかけたほうが良いでしょう。私もまだ若くて収入も少ない時代でも、家計が苦しいと言いながら、子どもに家庭教師をつけたりしていました。

教育に対しては、ある程度、お金はかけるべきだというのが福澤の考え方で、「貧富は時の廻《ま》わり合せにして、財産は唯《ただ》有るときに有るのみ」、どんなときでも教育にお金をけちってはいけないと言っています。

教育とは決して高価なものなのはありません。もし高いと感じるなら、それは教育の価値に比べて、お金の価値を高く見積もり過ぎているだけに過ぎないのです。福澤は教育にお金を使わない考え方は良くない、とたびたび強調しています。

文明の家庭は親友の集合なり

『福翁百話』には「文明の家庭は親友の集合なり」という項目があります。この項は「子を養育するに父厳母慈の語あり」から始まります。「厳父慈母」と同じ意味ですが、ここで福澤が述べているのは、男女の区別をつけることがおかしいということです。「父厳母慈の家庭はむかしむかしの事として」とあり、「他人行儀に尊卑の階級は無益なり」と言い切っています。つまり家の中で年上だから偉いとか、男だから偉いという上下関係は意味がないというのです。

そして「年少《としわか》き子女は新参の親友なり」として、ここが大事ですが、「共に語り共に笑い、共に勤め共に遊び、苦楽貧富を共にして文明の天地に悠々たるべし」と言っています。

子どもは新参の親友であるという視点が面白いところです。

これまでの家は、上下関係がはっきりしていましたので、「親友の集まりが家庭なんだ、文明的な家庭なんだ」というのはずいぶん思い切った考え方ではあります。

西洋の家庭でも平等の考え方は進んでいたと思いますが、福澤諭吉の気質からすると、幼い頃から多分、こういう性格の人だったのだと思います。ですから西洋の家庭を見て、それを真似したというよりも、自分の考えで、これがいいのだと思ったのでしょう。

福澤はおそらく幼い頃から威張るということがなかった人だと思います。人に対して区別したり、えこひいきすることもない。だから秘密を抱えて嘘を言うこともない。

気質、人格、どれをとっても、すっきりとした人格です。福澤なら奥さんに威張り散らしたり、いままでの因習に縛られて、自分が外出するときは全員が出て来てお辞儀をしろというような、そんな馬鹿馬鹿しいことは絶対に言わないでしょう。

何しろ、幼少時代に、神社の神様のご神体を取り出してほかの石に替えてしまったような子どもでしたから、因習などには縛られません。西洋の内実を理解したスピードが早かったのも、その根っから合理的な気質によるところが大きかったのではないかと思います。

からりとした合理的な精神が最強のリーダーを作る

福澤諭吉の場合は生来の気質が、文明の行き着く先、めざすべきところと一致していたのが、偶然とはいえ素晴らしいところです。

彼の主張自体は、西洋の学問を学んだ人ならだいたい似たようなことを言うでしょうが、福澤の場合、それを先取りする形で、合理的、科学的な考えができてしまったのが人と違っていました。

からりとした精神を持ち、人間交際とでも言うのか、人と人との間の交際ができます。その明るさも持ち合わせ、温和であり、しかも活発である。

だから日本が西洋の文明を取り入れ、日本の因習的な、人間関係のしがらみから離れていくというまさにそのとき、福澤のような合理的な気質の人間があらわれて、西洋の学問を身につけ、みんなに広めたのではないでしょうか。

まさに福澤自身がロールモデルになったのです。ロールモデルとは、「こんな人になりたい」とみんなが思うような模範となるモデルのことです。会社に入って、ある先輩がひじょうに素晴らしいと思ったとき、その人をロールモデルとして仕事を覚えていくようなものです。

福澤諭吉は、言っている主義主張と人格的な気質が、まったく矛盾なく、一体化している人でした。だから当時の人たちは「この福澤諭吉をロールモデルとしていけば、これからの時代を生きていける」と確信したに違いありません。

私はいまの時代でさえ、福澤をロールモデルにしても間違いはないと思っています。福澤諭吉の気質と学力、胆力、すべてを総合的に見れば見るほど、いまもし彼がタイムマシンに乗って出てきたら、おそらく日本のリーダーになるのは間違いないだろうと確信できます。

多分、福澤諭吉がいまの世界に慣れるのに、ひと月もあれば十分でしょう。約ひと月で、およそいまここで起こっていることがわかるはずです。渋沢栄一なども、いまあらわれれば、日本のリーダーになると思います。

そう考えると、いまの日本は明治時代の人物群に比してちょっと人材的に手薄なのではないかと思います。仕事の質やそれをやりとげる能力の平均値で言えば、いまのほうが高いかもしれません。一流企業の社員の人たちの仕事ぶりを見ても、ものすごく高度な仕事をどんどんやってのけますし、一人が処理する仕事量もパソコンがあるために、大変な量に達しています。

仕事量では、いまの日本の人たちは明治時代の何十倍という能力を発揮していますから、明治の頃より国力は高いのですが、強力なリーダーといえる人材が多く輩出しているのかといわれると、やはり疑問です。

福澤諭吉の基本的な考え方、力、人間性を総合したとき、私はいまの時代に彼に匹敵する人間はそう多くないと思います。

明治の人がいまの時代にタイムスリップしてくればみながリーダーになれるというわけではありません。たとえば言い方に語弊《ごへい》がありますが、新撰組の人たちはリーダーになれるかどうか、よくはわかりません。何をするかわからないところがあるからです。

あるいは、日本でも有数の優れた教師であった吉田松陰《よしだしょういん》も予測がつかないところがあります。私は吉田松陰がものすごく好きですが、彼がもしいまの日本に来たら、とても極端なことを主張して走りだすような気もします。

しかし福澤諭吉の場合は現代でも、そのままフィットするでしょう。外交問題だったらこうするのがいいよとか、安全保障ならこうしたほうがいいよ、などと的確に言えるような気がします。

もちろん福澤諭吉にも間違いはあって、細部の議論では、その後の動きとずれているところはないわけではありません。たとえばそろばんと筆算ならどちらが良いか、という議論をしているのですが、いまはもうそういう時代ではありません。

しかしそうした小さな見通し違いはあったとしても、福澤ならつねにそのとき、その世の中で、最善の判断を下せただろうと思います。

こういう希有《けう》な人物を育てあげたのも家風、すなわち家庭環境によるところが大きかったのですから、夫婦協力して品格のある家風を作り上げていくことは、わが子の未来だけでなく、日本の未来にとってとても重要なことなのです。

第三章　独立自尊の人格たれ

――独立のための実学を身につけよ

「安心安定のコース」を子どもに選ばせようとする親は多い。だがちょっと待ってほしい。独立の気概を持たずに仕事に就いても、本人に充実感はないだろうし、成果も出せない。結局、身分の安定も手に入らないだろう。世の中がどんな状況になっても、「独立自尊」で生きていくための実学こそ、『学問のすすめ』で説かれている福澤の主張である。

開かれた合理的な考えを身につける

福澤諭吉の基本的な気質、合理性、精神はそのまま私たちがロールモデルにできるものです。そう考えますと、子育ての第三の柱として、福澤の文明的な性格をモデルに、人格形成していくことが良いでしょう。

すなわち第一の柱として身体を養い、第二の柱で、家風によって温和、活発なる人物を作るとすると、第三の柱は開かれた合理的な考え、思考のできる人格を作ることが目標としてあげられます。

これは言葉を変えると、「独立自尊の人格たれ」ということです。ベストセラー『学問のすすめ』は全体がその主張で占められています。

『学問のすすめ』で言われていることのすべては、学問をして因習に縛られない考え方をしなさいということです。人の権利に上下はない。学ぶことに上下もない。だから勉強をして、より重要な仕事がになえるような人物になりなさいというのが『学問のすすめ』のすべてです。

子どもから「なぜ勉強しなければいけないのか」と聞かれたら、それは勉強をしなければば、自由になれない。独立した人間になれないからだ、と答えなければいけません。

基本は「一身の独立」、つまり身の独立であって、「身も独立し家も独立し天下国家も独立すべきなり」、個人も家庭も国家もすべてが独立すべきである、というのが福澤の主張です。

無学なるものは独立して家業を営むことができません。社会の中で重要な役割を果たせない。結局人に縛られる「愚人」の人生を送ってしまいます。だから学問を身につけ、きちんとした判断力を養うことによって、政府に対してさえも、遠慮なく意見を言える人間になるべきなのです。勉強の目的はそこにあります。

「人の一身も一国も、天の道理に基づきて不羈《ふき》自由なるものなれば」とありますが、これは人間の基本は自由だということです。

「不羈自由」とは人から束縛されないことです。自由を妨げるのが一番いけないことですから、そのためには互いに物事の理を知らないといけません。物事の理を知ろうとすれば、字を学び、学問をしなければなりません。ほとんどの不幸は、無知からくるものだと福澤は考えているのです。

だから、広く知見を広めよというのが『学問のすすめ』第二編の最初に書かれています。知見、見聞を開くためには書物を読むだけでなく、人の言を聞き、自ら工夫をめぐらさなければいけません。ここが大切なところです。

勉強というと、テストでいい点を取ればいいのかとか、ものをたくさん知っていればいいのかと思ってしまいがちですが、そうではない、と福澤ははっきり言っています。本だけの知識だと、「論語読みの論語知らず」になってしまい、そういう人は「飯を喰う字引に異ならず」と福澤は批判しています。

字だけの学問ではなく、実際の世の中に照らしあわせて、家庭も仕事もきちんとできなければだめだと、福澤は言うわけです。いくら大工の知識があっても、実際に家を建てられなければ大工ではありません。

基本は「独立」ですから、西洋の学問は学んだけれど、独立して生活を営んでいけないのであれば、「時勢の学問に疎き人なり」ということになります。だから、学問と生活していくことがセットになっているわけです。学問と生活をセットにする、つまり「実学」という考え方をつねに持っておく必要があります。

私は大学院の博士課程に行きましたが、大学院で勉強すればするほど生活力がなくなっていきました。大学院に五年、六年、七年いると、一般企業に就職するのは難しくなりますし、社会で給料がもらえなくなってきます。

これでは学問をすればするほど独立できないではないか、と二十代ずっと無職だった私はそう思ってきました。福澤が言う学問はそういう学問ではありません。社会と離れすぎている学問は、実学ではないのです。

実学とは、たとえば大学で最新の建築学を一生懸命勉強します。その人間が建築事務所を開業すると、仕事の依頼がどんどん来て、経営も回っていく。それが独立しているということです。あるいは最新の医学を勉強して開業したら、患者さんがどんどん来て、評判のいい病院になる、というのが独立している状態です。

薬学でも農学でも電気でも、自分が勉強して、一流になったのなら、それに関連する仕事がどんどん来るのが福澤のイメージです。その基礎にはまず学問がなければなりませんが、勉強しても役に立たない学問は実学ではないので、するものではない、と福澤は言っています。

実学をつきつめていくと、サイエンス、科学になると思います。福澤は「実学」に「サイエンス」の振り仮名をつけていたぐらい、サイエンス＝実学と思っていたふしがあります。

たしかにサイエンスは根拠や結果がはっきりしています。観察や実験に基づいて仮説をたて、検証して、日々確かなものに高めていくことができます。これは近代科学がガリレオによって観察・実験に基づくあり方を確立したからです。

ガリレオが死んだ年にはニュートンが生まれ、またガリレオと同時期にはデカルトもいました。彼らがきちんとした観察や実験、考察に基づいて、合理的な判断をしていく近代的理性の流れを作ったことで、科学はその後、猛烈な勢いで発展しました。

それが、産業革命という技術的な発展とも絡み、科学と産業の発展が車の両輪のように回ってきたのが十九世紀、二十世紀の加速した社会なわけです。まさに学問が実学と結びつき、革命的ともいえる爆発的な経済発展が生まれたのです。

国の独立は個人の独立によって支えられる

科学が振興してくる十八世紀～二十世紀は、科学と産業が一体化して発展していくものでした。日本が強い国家として独立していくためには、科学に基づく産業を起こさなければなりませんでしたから、その基礎となる国民一人ひとりの能力の向上が必須だったわけです。

福澤諭吉が『学問のすすめ』を書いて、勉強することの大切さを全国民に訴えたのも、そのことがあったからです。

彼の頭の中にはつねに「独立」という二文字がありました。福澤諭吉の教育論をひと言で言えば「独立」という言葉に収斂していくと思います。まずは独立した人格を作る。それが一国の独立につながっていくという点が福澤の主張の大切なところです。

逆に言うと、一国の独立を念頭に入れた上でないと、個人の独立はないともいえます。『学問のすすめ』の第三編では「一身独立して一国独立する事」とあります。まさに福澤の言わんとすることがここに述べられています。すなわち独立心と愛国心は不可分であり、「独立の気力なき者は、国を思うこと深切ならず」ということで、一国の独立がまず目標としてあります。

なぜこれほどまでに福澤が「独立」にこだわったのかというと、国が独立を脅かされたら個人の独立した生活も成り立たなくなるからです。福澤諭吉からすると、この国の独立を思わない人間がいくら「私は独立してたくさん収入があります」と言っても、まるで評価できないことになります。

たとえばタックスヘイブンで有名なケイマン諸島に本社を置き、日本で稼いでも税金を払わないとか、自分の財産は全部外国に置いておき、日本に貢献しないという人は、福澤に言わせれば、「独立」しているのではなく、たんに自分だけがもうかっているにすぎません。

『学問のすすめ』で述べている日本の独立と一身の独立をセットにした考えとは全然違っ

てしまいます。自分だけがもうかる「独立」をめざしてはいけないのです。

私はいままでにエリートというものがどういうものかを考える機会がたくさんありました。私は最初、東大の法学部に進学したのですが、そこは日本のエリートを育てるところといわれていました。いわゆる官僚養成を主たる役目としていたわけです。

官僚を養成するということは、この国の屋台骨を背負うということです。官僚といえば、国家の行く末を定めて、具体的な政策を立て、政治家とともに国を作っていくひじょうに重要な役割をになっています。まさに天下国家を支える人たちであるわけです。

ところが私が入学したときには、すでに給料が高い民間の金融関係への就職を優先する人がたくさんいました。

経済も重要ですから、それ自体は悪いとは言えませんが、高学歴を生かして、給料が高いところに就職して、良い暮らしをしようというマイホーム主義的な、自分さえよければいいという指向性は、福澤がいたら何というでしょうか。

いまはますますそれが顕著になっていて、もちろん頑張っている学生もいますが、東大の医学部の教育を受けたにもかかわらず、高給がもらえるゴールドマン・サックスのような外資系企業に就職していく人がたくさんいるそうです。

それならば、最初から医学部に行かなくてもよかったわけです。医学部はものすごくお金を使っている学部ですし、とくに東大の医学部ともなれば、投入される税金もはんぱな額ではないでしょう。

そんなところで医学の勉強をして、わざわざゴールドマン・サックスに行かなくてもいいのではないかと、思ってしまいます。みなが給料や自分の生活だけを優先するようになったら、いったい誰がこの国を支えていくのでしょうか。国を支えるエリートを養成する場所はどこなのかと思ってしまいます。

わが子に勉強の大切さを教えるときは、「良い生活をするため」とか「お金持ちになるため」という目先の利益ではなく、「勉強することが世の中のためになるのだよ」という言い方をぜひしてほしいと思います。

そういう指向性を持った人が「独立」した個人ですし、そうした個人に支えられているのが独立した国家です。福沢諭吉がめざしたのも、まさに独立の気概を持った、国家を支える人間の養成です。

実学をもって国を支えるという発想

福澤諭吉は「一身独立して一国独立する」という考えのもとに、私学を創立しました。

私学とは、国が作った官製の学校に対して「私」の大学ですが、福澤は国を独立させるための学問を教える学校を作ったのですから、このことからもいかに深く国を思っていたかがわかります。

では福澤がどうやって国を支えていくのかというと、経済の力、すなわち実学で支えていこうとしていました。

社会の各方面にしっかりした人物がいることで国力が高まり、それが国を守ることになると、福澤は考えていました。東大のような官製の大学で国家官僚を育てて、官の立場から指導すれば国が支えられるという考え方を、福澤は最初から疑っていたのです。

いま、日本は福澤が危惧した通りの状況になっています。私は日本を支えるような一流企業の経営者や幹部と話す機会が多いのですが、みな「頼むから、外交問題でよけいなことをしないでほしい」と口をそろえて言います。「自分たちを支えてくれとは言わないから、せめてよけいなことはしないでほしい」と政治家に対して思っているのです。

近年の日本は政治家の判断ミスによって、経済が大打撃を受けることが多い。経済界の人たちは「自分たちは自分たちの力でやっていくので、国は邪魔しないでほしい」というのが本音です。

それくらい、民間は必死になって経営をやっています。もちろん、官僚も一生懸命やっているると思いますが、総じて近年の日本は、「政治が一流、経済が二流」ではなく、「経済が一流、政治は二流か三流」と言われています。日本は今日までずっと民間の活力によって支えられてきた国だといえるでしょう。

しかし明治時代の当時は、そういう考えではなく、政府が主導で民間は一段低く見られていました。渋沢栄一は、友人がみな官のほうに進むとき、民間で働く道を選びました。すると友人たちはみな渋沢を「お前は志がない」「金もうけがしたいのか」と批判したといいます。

そうした批判に対して渋沢栄一は「経済が国を動かしているのだから、自分は『論語』の精神で経済をやってみせる」と宣言し、実際やってみせたわけです。それを本にしたのが『論語と算盤』です。

論語の精神で経営にあたり、日本という国を経営したのです。上からではなくて、下から、つまり経済活動によって国を活性化させ、それが国の血液の循環になっていくというのが渋沢の考え方でした。その信念に基づいて第一国立銀行などをつくり、金融システムを確立していきます。

いまは経済の流れが国を支えるのは当たり前のことですが、当時はそうではありませんでした。そんな時代に渋沢栄一も福澤諭吉も先見の明をもって、敢然と道を切り開いていったのです。

そして福沢は慶應義塾を作り、官僚や学者を育てるより、実学をもって社会のさまざまな分野で経済活動を支えていくリーダーを育てようとしたのです。

そのエネルギーを支えたのは、独立の気概でした。

組織にぶら下がる人間になってはいけない

その福澤諭吉に学ぶとすると、高い学歴をつけてそれで食べていこうという学歴主義は無意味だということがわかります。「あなたは何ができますか?」と聞かれたときに「私はこれができます」とはっきり言えるような人間になれと、福澤は言っています。それが実学です。

「私は東大を出ています」「早慶出身です」と言うだけで、「何ができるのか」と聞かれると、「ちょっとわかりません」と言うのでは、転職のさいに「私は課長をやっていました」「部長ならできます」という人と同じです。

いくらいい大学を出ても、リストラされて裸一貫になったとき、「お前は本当に何ができきるのか」と問われて、何もないサラリーマンだと行き場がなくなってしまいます。

福澤諭吉が面接官なら「いままで何をしていたのですか」と聞くでしょう。長く会社に勤めていたのなら、ちゃんとした知識や技術が身についているはずです。ならば他の会社でも当然、必要とされるでしょう。

でも会社に頼って、会社の名前で仕事をし、大した技術や知識を身につけてこない人だと、「部長ならできます」という言い方しかできません。それでは独立した一人の人間になっていません。

つねに独立心を養え、と福澤はくり返し言っています。たとえ会社がつぶれても、自分は生き残ってみせるという気概と独立心が大事です。

そのためには会社にいる間は会社のために頑張らないといけません。いまは会社の仕事をできるだけサボって、楽にやっていけばいいのだ、という考え方もありますが、もし福澤諭吉が聞いたら、「何を言っているのだ。馬鹿なことを言うな。そういう人間をほかの人間が支えなければいけないのだ。とんだ穀潰《ごくつぶ》しだ」と怒るでしょう。

それでは独立心がありません。人が漕いでいるボートにただ乗っかっているような人間になってはダメなのです。

組織の中には、二割、三割の人だけが必死に船を漕いでいて、残りの七割、八割はただ乗っているだけというところがよくあります。その七割、八割の人も、自分はちゃんと仕事をしているると思っているわけです。もちろん給料も人並みにもらっています。

しかし、会社がつぶれてしまったとき、その人の行き場があるかどうかはそのときはっきりするでしょう。

本気で船を漕ぐ人だけの組織なら、どんどん伸びていくでしょう。でもどの組織を見てもわかると思いますが、この人は完全にぶら下がっているだけだな、という人は、どこからも必要とされませんし、そういう人が多い組織は伸びていきません。

みなさんがいる組織でも、異動の時期になったとき、頼むから異動していなくなってくれとみんなから思われている人と、頼むから行かないでくれと思われている人がはっきりわかれるのではないでしょうか。

異動の発表になったとき、「誰が動いた」「誰はそのままだ」など、悲喜こもごも、いろいろな声があがるので、それがはっきりします。

私の部署でも大変優秀な事務方が抜けてしまったときは、経験知がごっそりなくなって、もうどうしたらいいかわからないくらい困ったことがありました。その人がどれだけ重要な仕事をしていたかが、いなくなって初めてわかるのです。「独立」している人とはそういう人のことをいうのです。

親はわが子を安泰な会社にもぐりこませることを目的にするのではなく、どんな組織に行っても必要とされる人になるような教育をすべきでしょう。

一身の独立だけでは独立と言わない

「独立」した人間になるには、自分がどれだけの仕事を背負って、組織を支えているのかという自覚が必要です。

『学問のすすめ』でも、福澤は自分が一人で日本の国を背負って立つ気概でやれと言っています。「日本という国を背負って立つという独立心を持ってやれ」と檄を飛ばしているのです。すごい言葉です。

おそらく福澤諭吉はその気概を持っていたと思います。勝海舟も持っていたでしょう。渋沢栄一も持っていたと思います。持っていた人間がたくさんいたのが明治時代でした。

だからといって、自分一人が支えているという思い上がりがあったわけではありません。ただ、「お前の気持ちはどうなんだ」と聞かれたら、「自分は一人でもこの国を背負ってみせる」と目を輝かせて言い切る若者たちが何千人、何万人といたのです。

それを思うと、いまの時代はどうでしょう。大学生に「君はどういう心構えかね?」と聞いて、「自分は一人でも日本国を背負って立つ気概でいます」ときっぱり言い切る学生はいるでしょうか。ひじょうに少ないのではないかと思います。

「自分はこの仕事が好きなので、やってみたいと思います」とか「自分は幸せになりたいです」とか「良い暮らしがしたいです」と答える若者はいても、「一人で日本を背負っていきます」という気概を示す若者はいないでしょう。

一人でも背負ってやるという、それが福澤諭吉のいう独立心です。

ふつうは「独立」というと、親から自立して、独立した家庭を持つことを意味しますが、福澤が言う「独立」は自分の一身だけで終わるものではありません。一身にとどまらず、一身は家につながり、家は国につながっていく「独立」です。

ですからとりあえず自分は独立して、生活しています、というようなことは「独立」のうちには入りません。公を支える精神があって初めて独立ということですから、慶應義塾にしても、私学ですが、高い公共心を持った私学の精神があります。

国のことは帝国大学に任せて、経済のことは私学が、ということではありません。経済も含めて国のことは自分が支えていくという、そこにこそ福澤が作った私学の誇りと意地を感じます。

独立の気概がないと悪事を働くことがある

独立心がなぜこれほど大切なのかというと、「独立の気力なき者は、人に依頼して悪事をなすことあり」だからです。「国民に独立の気力愈々《いよいよ》少なければ、国を売るの禍もまた随って益々大なるべし」ということになります。

先日もある電気メーカーの元社員の事件が報道されました。その人は韓国の企業に日本の企業の秘密を売り渡して、そこの企業の社員になっていたというのです。日本の電気メーカーが元社員を訴えていましたが、平気で国を売るような人の話を聞くと、どこか寂しくなります。

百田尚樹さんの小説『海賊とよばれた男』の主人公とはまさに対照的です。この小説の主人公は出光石油を興した出光佐三《いでみつさぞう》です。

彼はタンカーという〝刀〟で世界の石油メジャーに戦いを挑みました。石油メジャーが支配している業界に、自社でタンカーを作って日本に油を運んだのです。その戦いを戦前、戦後と描いた小説が、大変なベストセラーになっています。

ああいう小説を読んでも、行動の原理は「この国がこのままでは独立を奪われる」という危機感と独立への強い思いが煮えたぎっています。そして社員は家族であるという姿勢を貫き、一人もクビにしなかったために、社員たちも家族の結束感をもって困難に立ち向かい、石油メジャーの支配に食い込んでいけたのです。

そのおかげで、日本は著しい戦後復興を成し遂げることができました。

エネルギー問題は国家の根幹に関わるひじょうに重要なものですが、そもそもは国がやらなければいけない仕事に、国がやりきれないところを一企業がやったというところがすごいことです。そんなことができたのも、ひとえに独立の気概があったからです。

いまでもトヨタなどは国ができないことをやり続け、戦い続けています。アメリカでいわれなき欠陥訴訟を起こされ、結局トヨタに非はありませんでした、ということになりましたが、まるでアメリカの国策かと疑いたくなるような叩かれ方をされても、歯をくいしばって頑張っています。

さらには東北の震災やタイの洪水など、自然災害にも次々と見舞われ、部品の供給がどこおるというピンチに直面しても、それでも東北に工場を建てて、民活というか、民間レベルでの活力をつねにかきたてていこうという、そんなたくましい企業です。

もちろんトヨタの下請けや孫請け企業はひじょうに厳しいことを要求されるでしょう。そこは限界を突破していかなければいけません。でもトヨタ自体もつねに限界に挑戦していくから世界と戦えるという厳しい戦いをしているわけです。

そういう中で、人に頼り、人の働きにすがって、給料だけをもらっているような、ゆるりとした生き方をしていると、はからずも「悪事をなしたり」「国を売る」リスクも出てくるということです。

最近の親の中にはわが子が公務員になりさえすれば安心だと思う人がいます。公務員になれたらこれで一生安泰だねという発想で子どもに公務員をめざさせるとすると、これはまさしく人に寄りかかっている生き方にほかなりません。

公務員は国民の税金で食べさせてもらうのですから、国がなくならない限り安泰なわけですが、みなが「安泰だから」という発想で公務員になると、国家はソビエト連邦のように崩壊していくでしょう。

すべてのお金は官僚に集まり、彼らが一番うまい汁を吸って、国が汚職にまみれていくわけです。まさに「悪事をなしたり」「国を売る」行為につながってしまうのです。

そう考えると、親が安全志向で、とりあえずわが子を公務員にと望むのは、親心としてはわかりますが、福澤が生きていれば、「独立の気力に欠けている」と一刀両断するのではないでしょうか。

もちろん私は公務員がいけないと言っているわけではありません。国家公務員にも志を持ってがんばり、夜中まで仕事をしている人が数多くいます。公務員には公務員の仕事があって、それが町おこしになり、県や県民を支えていることを私も知っています。本気で地方行政に取り組んでいる役人の方もたくさんいます。

中には、地元の米をローマ教皇に持って行ってしまうような行動力のある公務員もいて、町おこしに本気で頑張っている人もいます。

その一方、何をやってもクビにならないのをいいことに、一番安楽な生活を貪る人もいます。「公務員になりたい」という動機が、「安泰な生活を送りたい」ということだと、福澤諭吉のめざしていた独立の気力とは明らかに方向が違います。

公務員をめざすにしても、国や文明を支えるというスケール感を持ってやってほしいと思います。

実学の精神があれば有用な人間になれる

福澤が慶應義塾でめざしていたのは、どこに放り出されてもやっていける、独立心に富んだたくましい人間の育成です。私たちが福澤から学ぶとすれば、わが子を育てるとしたら、どこに放り出されてもやっていける人間にすることです。

どの時代どの社会に行っても、その場所で有用な人物になっていける人間になれたら最強です。これは実学の精神さえ身につけておけば、それほど難しくないと思います。たとえまったく知らないところに行っても、そこにおいて必要なものは何かを見極め、知識や技術を吸収し、役立つ人間になっていくでしょう。

有用な人物像は時代ごとに違います。三十年前にはインターネットの力はそれほど大きなものではありませんでした。しかし現代はインターネットを使えないと、これはもう役立たずな人です。

「自分はパソコン世代ではないので、パソコンは無理だよ」と言っているおじさんがいると、その人に特別な経営能力があれば別ですが、そうでなければみんなでその人を養わなければいけません。パソコンが苦手でも、仕事ですから覚えてもらわなければ困るのです。

現代で有用な人物といえば、組織から離れてフリーランスで独立してもやっていける人間でしょう。たとえば自分で事務所を構え、そこで社員を雇いながら、新しい業種を作っていく、といった人がもっとも有用な人物です。

組織が大きくなると、社員に能力がなくても、おとなしくしていれば、何とか食えてしまいます。日本の電気メーカーの中には、業績がひどく傾いてしまっているところもありますが、おとなしくしていればクビにならないからと、組織の中でじっと息をひそめている人もいるかもしれません。

でも本当は会社であっても、社員一人一人が店を開くように、独立した事務所としてやっていかなくてはいけないのです。そういう会社でなければ、これから先生き残っていけません。ですから護送船団方式で社員を守るのではなく、社内独立制度のようなものを作って独立心を養っていく、そうすると社員の意識が変わり、組織に有用な人材が増えていきます。

多分、独立する人は、それまで感じた事のない緊張感をもってチャレンジすることでしょう。一人一人が経営者の感覚を持って当たれ、というのは、まさにドラッカーが『マネジメント』で主張していたことですが、それくらいの緊張感と独立心を社員であっても持っている人間こそがこれからは必要とされています。

稲盛和夫さんも『生き方』（サンマーク出版）の中で、一人一人が経営者である自覚を持つ社員を育てていけと言っています。経営者とは、トップとしての責任を持って、独立して判断していく人間です。経営者を育てるとは、独立の気概を育てることにほかなりません。

すなわち、自分でプランを立て、自分で遂行していく人間が経営者です。たとえばある部門において、その人間がプロジェクトを考え、遂行し、マネジメントして成功させ、会社を支えていくなら、その人は経営者といえます。

おそらく福澤諭吉が会社の視察に来たら、即座に「君は独立している」「君は独立していない」「君はぶら下がっている」「君は中間」というふうに、はっきりとランクをつけていくと思います。

でもそのランクと給料は必ずしも相関がないのが実情です。「君は部長だが、ぶら下がっている」という人がけっこうな給料をもらっていることもあります。部下はそういう管理職をしっかり見抜いています。部下の目は欺けません。

手柄を横取りする上司とか、上司に取り入って出世している人は、やがては無用な人材になりはてていくはずです。

福澤はそういうぶら下がりの社員をすぐに見抜いてしまうでしょう。

福澤諭吉が人を見抜く基準にしているのは、独立心の有無と、学んできたことが実学として役立っているのかどうかです。独立と実学、その二つのキーワードで見ていくと、「お前は役に立つのか？」「立たないのか」ということが一目瞭然でわかります。

わが子に教えるとしたら、「何のためにそれをするのか」「それはその目的の役に立つのか」ということをときどき問い直す姿勢が必要だといえそうです。

学問をするときは集中してやれ

福澤は実学を重んじていましたが、一方で教養を身につけることも大切にしていました。福澤諭吉自身も和漢をはじめ、洋学など大変な教養の持ち主でした。しかし教養主義のように、ただ教養があることだけを目的にする教養人をまったく評価していませんでした。教養人を育てるのが教育ではありません。教養はあってもいいが、それはすべてこの世に役立つものという前提があってこそ、というのが福澤の考え方です。

福澤のこの考え方に立つと、家庭でも社会でも役立つ人間になれというメッセージは必要不可欠なものになります。

「社会にとって有用な人物となれ」というメッセージは何かプラグマティックというか、実利的過ぎるように思えるかもしれませんが、このメッセージ自体はまったくおかしなことではありません。どんな形で有用な人物になっていくのか、それを子どもにつねに考えさせるのがいいのです。

福澤諭吉自身は、有用な人物になる方法として、まずは蘭学をやり、そして洋学を紹介することによって日本を良くしていく道を選択しました。

もちろん小学生のうちから将来の道を決めてそのために勉強しろ、と言っているわけではありません。子ども時代は、基礎になる科学的な考え方や、体が丈夫であること、人とちゃんと付き合いができるといった基礎力を身につけていくことがまず大事です。そして大学に行く年齢ぐらいから、社会に有用な学問を身につけるという順番になりますので、いまからあまり焦る必要はありません。

実学を勧めた福澤ですが、一方では無用な目的なしの学問をしろということも言っています。福澤が教養を身につけることを大事にしたのも、教養が実学のベースになるからです。さらには教養を身につける過程で、将来これが何になるかなどとは考えず、ひたすら学問に没頭する経験も大切だというのです。

福澤が漢学の勉強をするときも、自分たちはこれが何の役に立つかは知らないが、こんな苦い薬を飲むのは自分たちだけだろうと思いながらも、やっていたというようなことを書いています。

有用な人物になれということと、目的なしの学問をしろということがどう結びつくのかと思ってしまいますが、福澤が言いたかったのは学問をするときには、純粋に集中してやることが大事なのだということだと思います。

この勉強が社会にどう役立つのかはわからない。でもやらなくてはならないときはある。

修業中のときは、「これが何の役に立つのか」などということを考えずに、まずは没頭しろ、人生にはそういう時期をすごすことも必要だと、福澤は言いたかったのではないでしょうか。

たとえば洋学の場合、これから西洋の学問が大事だから、西洋の書物を読めるようにするという修業は、いますぐには役立たないかもしれません。しかし勉強しておけば、いつかドカンと役に立つときが来ると福澤は言っています。

科学においても基礎学問があります。その勉強をしてもいますぐ役立つとは限りません。しかしいつかはドカンと来るときが来るでしょう。

iPS細胞などはその最たるものかもしれません。実用化するまで長い道のりがありますが、必要な研究です。

あるいは以前、物理学で小林・益川さんがノーベル賞を取りました。それが直接社会に役立つとは必ずしも言えないかもしれません。

ニュートリノを発見した小柴さんは莫大なお金とエネルギーをかけて、ニュートリノの実在を発見しましたが、そういう研究も、いますぐお金を生むものではありません。むしろ最初は出ていくお金のほうが多いでしょう。それでもそうした基礎研究をやることが大事なのです。

真理をつかむために努力するのが科学であって、その地道な研究がやがて大きな発展につながります。基礎研究の厚みが、国力の違いになって表れてくることも、福澤諭吉は見通していたと思います。

ですので、近視眼的にこれこれが役に立つからやっておこうとか、この資格を取ればもうかるから取っておこうというような、ハアハアした、息の浅い勉強をしてはいけません。実学とはそういう浅薄なものではないのです。

ある程度、地道な基礎に裏付けられたものが実学です。ですから学問をするときは、お金を目的にしてやるのではなく、純粋に学問に集中する時期も必要なのだということを言っています。

教養主義の学問は意味がありませんが、社会に役立てることを前提として、基礎を学んでいるときは、純粋に学ぶことに没頭してもいい、むしろそうすることがのちのち社会に役立つ実学としての知識を育てていく、と福澤は言っています。

学問そのものに没頭して、しかしながら教養主義には陥らない。そのためにはつねに独立する人間になるという大きなゴールを忘れないことです。

何のために自分は勉強しているのか。それは独立した人間になるためです。そしてそのために必要なのが実学です。

独立、実学という二つの言葉が、教育をする上でつねにキーになるのが、福澤の子育ての第三の柱になります。

第四章
人にして人を毛嫌いするなかれ

――交際は広く持て。親友はいなくてもいい

身体が丈夫で勉強ができても、人付き合いが苦手だと社会で生きづらいだろう。交際の範囲を大きくして、世界を広げたほうがいい。ただし、いまの日本では子どもの間でも、やや「コミュニケーション依存症」の傾向がある。たえず人とのつながりを求め、「親友は絶対必要」「友だちとはつながっていなくてはいけない」と考えるようでは苦しすぎる。「希薄なようで面倒くさい」交際ではなく、「さわやかで広々とした」人間関係が福澤のめざす交際である。

心をオープンにしてたくさんの人と付き合え

福澤の子育ての四本目の柱は「交際」、すなわち人間関係がキーワードになります。『学問のすすめ』は「人にして人を毛嫌いするなかれ」という言葉で締めくくられています。この言葉を最後に持ってきたのは象徴的です。

福澤はいろいろな人と広く交際を求めることを大切にしています。たくさんの人と交際していれば「十人に遭うて一人の偶然に当らば、二十人に接して二人の偶然を得べし」ということになるからです。

すなわち十人の人と会って、その中で一人新しい友だちができるとすると、二十人に会えば二人新しい友だちができるではないか、という考え方です。

私たちは自分と同じような職業の人には会うことがあっても、仕事や世界が違う人とはあまり会わないものです。しかし福澤は、意識して新しい友を求めよ、と言っています。『学問のすすめ』でも、「人に交わらんとするには啻《ただ》に旧友を忘れざるのみならず、兼ねてまた親友を求めざるべからず」、古い友、旧友を忘れないだけでなく、新しい友も求めなさいとすすめています。

とにかく「人類相接せざれば」、つまりお互いに接することがなければ、意を通じることができないのですから、まずは人に会い、接することが大事です。その意を尽くすことによって、初めて相手を知ることができます。

生涯の親友は偶然によって生まれるものだと福澤は言います。十人の人に会って、一人、偶然の親友ができるかもしれないのだから、二十人に接したら、二人の親友を得る可能性がある。人と会えば、そういう偶然の親友との出会いがあるはずだから「人を知り人に知らるる」ことが大事だというわけです。

これに関して福澤はちょっと面白い例をあげています。「今年出入の八百屋が来年奥州街道の旅籠屋《はたごや》にて腹痛の介抱してくれることもあらん」と言って、どこで誰が助けてくれるかわからないのだから、交際をよくしておきなさいよというのです。

さらに「人類多しと雖《いえ》ども鬼にも非《あら》ず蛇にも非ず」。それほど悪い人はいないのだから、人の心を信じて、自分の心を「丸出にして颯々《さっさ》と応接すべし」と書いています。この「颯々と」が面白いと思います。あまり秘密事を多く持たず、心の中を丸出しにしてオープンに接していいのだよ、と言っているわけです。

そして「様々の方向に由《よ》って」人に接しなさい。学問をもって接する場合もあるし、商売をもって交わる場合もあるし、碁や将棋の相手もいたりして、友だちづくりは多方面にやればいい。特別な芸もないものなら、ともにただ食べてお茶を飲むでもいいじゃないかと言っています。

さらには体が丈夫なものは、腕相撲や足相撲をしてもいいだろう、と福澤はそこまで言っているのです。なかなか面白い意見です。

腕相撲、足相撲は人付き合いとは少し毛色が違う気がしますが、人間は「じんかん」とも読めるように、世の中の交際には、いろいろな種類があるのだから、人にして人を嫌ってはいけない、どんな人にもどんどん会って、接していけ。それが人間交際だ、という福澤の主張には耳を傾ける価値があるでしょう。

現代はコミュニケーションがストレスになる時代

福澤が言う交際とは、友だちとまでは言えなくても、知り合いくらいの人をたくさんつくっておくことです。そうすれば、その中から本当の親友や新しい友だちができる可能性が出てきます。

ところがいまは人付き合いが面倒くさいという人が増えています。年齢が近い気楽な人を相手にするのならいいのですが、自分と年齢が違う人や上司と話したり、飲みに行くのが面倒くさいという若い人が多いのです。

そのくせ、特定の友だちとだけは夜中の二時、三時までSNSなどを使って、猛烈にやりとりしています。そしてそれ以外の新しい友だちをつくるのが面倒くさいとか、むしろ排除するといったことになると、どんどん人間関係が狭くなってしまいます。

排除の典型ともいえるいじめは、福澤諭吉からすると、「もう、そんなことをする人間の気持ちがわからない」ということになるでしょう。人を排除して楽しむような暗い心持ちは、本当に馬鹿馬鹿しくて許せないものです。

いじめや排除の問題を積極的に克服していく方法をあげるとすると、福澤が言うように、「交際」(福澤はつきあいとふりがなを振ったりしています)を活発に行うことです。そうすることによって、世間慣れしていって、人を排除したり、いじめたり、あるいは引っ込み思案になって人と付き合うのがストレスになることが防げるはずです。

いまは人付き合い自体がストレスになっている人がけっこう多いのですが、フーテンの寅さんが主人公の『男はつらいよ』シリーズを見ていると、付き合いがストレスという人はほとんど出て来ません。

寅さんの映画では、みんなが人と付き合うのが当たり前で、家の中でも付き合いがあり、お店でも付き合いがあり、近所の人とも付き合いがある。みんなが付き合いの中で生きているので、一人引きこもっていることなどできません。

それは映画の設定上のことだけでなく、昭和三十年代を空気として知っている人は、「みんなそうだったよな」と思っているはずです。

一人部屋で引きこもって、ずっとパソコンでゲームをしていたり、寝る直前までSNSをやっているけれど、親とは会話もしなかったり、地域の人の顔も知らなかったり、そういうことは考えられない世界でした。

しかし日本はこの四十～五十年の間に、寅さんのようにコミュニケーションが楽しみな世代から、コミュニケーションの中でも近所付き合い的な交際がストレスになっている世代に変わってきているのだと思います。

損得を抜きにした近所付き合い的交際を広げよう

「交際」というと、少し格式ばってしまいますが、『男はつらいよ』の登場人物のように、誰とでも話せるようなものを「交際」ととらえると、「交際」は世間の付き合いととらえてもいいと思います。

世間の付き合いが得意な人は、どんな付き合いも得意だということです。先輩から「ちょっと酒でも付き合わないか」と言われたとき、「ああ、いいですよ」と気楽に行けてしまったり、上司や取引先から「ちょっと付き合わない？」と誘われたときも、「行きましょう、行きましょう」と、簡単に仲良くなって、「あの人とは一回飲んだことがあるから、もうツーカーだよ」と言える人は、人生が大変生きやすいと思います。

先日、私の知り合いからこんな話を聞きました。その人の会社に派遣で勤めている人がいるそうです。正社員ではないのに、上司の課長さんに対してズバズバものを言えるので、うらやましく思い、「どうしてそんなにはっきりものが言えるの？」と聞いてみたところ、「いや、あの人と一回飲みに行ったことがあるんです」と言われたそうです。一度飲みに行っただけでも、それくらい近しい関係になれるのです。

しかし最近の若い人はそういう関係を、面倒くさいと言って嫌う傾向があります。会社は会社だけの付き合いにして欲しいという人も増えてきていて、これは一見、合理的に見えますが、福澤諭吉の目からすると、その程度の合理性は合理性とは言わない。おそろしく小さい次元の話に見えるのではないかと思います。

人間はもっと広く、損得を考えずに交際すべし、なのです。

だから「この上司と飲みに行ったら疲れるな」とか、「この上司と飲みに行っても得はないな」とか、「この取引先と飲んでも意味はないな」というように功利的に考えるのではなく、人と人はどこで助け合うかわからないのだから、好き嫌いなくいろいろな人と知り合いになって、付き合っておこう、というくらいの気軽な気持ちになれればいいでしょう。

これに関連して言っておくと、福澤が書いたものの中には「人間交際」という言葉がときどき出てきます。「にんげんこうさい」ではなく「じんかんこうさい」と読みますが、これは「じんかん」が人の世の中という意味で、福澤も「じんかん」という視点で付き合いを考えています。マンツーマンの狭い人間交際ではなく、広く世間と交際するという意味です。

ちなみに「人間万事塞翁《さいおう》が馬《うま》」という言葉は、「じんかんばんじ」と読むことがあります。世の中すべてが「塞翁の馬」のように何が幸不幸を招くかわからないものだという意味です。

とにかく福澤諭吉は「人間交際」をひじょうに大切にしたものですから、いまでも慶應義塾出身の人たちは、お互いの付き合いを幅広く、積極的に行う傾向があります。

慶應ＯＢで構成される三田会や慶應出身者を中心とする交詢社などさまざまな慶應関連の団体はもちろんのこと、実社会でも付き合いを上手にこなしていく人が多いのが慶應出身者の特徴です。それは福澤諭吉の「広く交際を求めなさい」という考え方が実践されているからでしょう。

「あの人も知っている」「この人も知っている」「なぜか知り合いが多い人だな」という印象の人に出身大学を聞いてみると、慶應出身者がけっこう多く見られます。決して学閥で固まるという閉鎖的な感じではなく、できるだけ広くネットワークを広げていくスマートな付き合い方は、「広く交際を求めていく」という福澤諭吉のめざすところであったと思います。

親友なんていなくてもいい

先日、私はＮＨＫの『〝変人〟の正論』という番組の第一回目に出演することになりました。一回目の放送は福澤諭吉でした。福澤諭吉が現代に甦ったとしたらどうなるのだろうというコンセプトのもと、一見、変人のような暴論を言わせるのですが、それが実は正論ではないかという展開の番組です。

私は福澤諭吉の役目を仰せつかり、なんと和服を着て、大河ドラマ風のメイクまでして、福澤諭吉になりきって話をするという、やってはいけないようなことをやってしまいました。

慶應大学出身の人たちが見たら、「こいつは何を考えているんだろう」と不快にお思いになったかもしれません。でもテレビ局としては慶應大学にはあまり関係のない私がやったほうが、むしろ思い切った〝暴論〟（？）が吐けるという判断だったのかもしれません。

私は、慶應大学では非常勤講師としては教えたことがあって、なじみはありますが、慶應出身者ではありません。

福澤諭吉に対しても、先生というより日本をまともな方向に導いた極めてまっとうな人物として、ひじょうに親近感を覚えています。そういう距離感で番組を務めさせていただきました。

その番組で中心としたテーマが、「交際」でした。私は「親友なんていなくていいじゃないか」という暴論を取り上げてみました。

どんな暴論かというと、いま、世間では「友だちが大事だ」と言い過ぎる。君たちはLINEとかツイッターとか、SNSと呼ばれるもので始終、連絡を取り合っているそうじゃないか。でもそんなものは必要ない。もう「友だち、友だち」と言うな。もっと大事なことがあるんだと、いうような主張です。

この主張を暴論かつ正論として、私が言う役割をになったのですが、それは何を根拠にしているのかというと、『福翁自伝』の「莫逆《ばくげき》の友なし」というあたりの文章を参考にしています。福澤は子ども時代から成人に至るまで、真に打ち解けて交わる親友――これを福澤は「莫逆の友」と呼んでいますが、そういう腹を割った友だちが自分にはいなかったと言い切っています。

親友は一人もいなかった！　かなり衝撃的な告白ですが、福澤諭吉が言うのですから、それでもいいのでしょう。むしろ、無理して親友を作ろうとするいままでの常識のほうが間違っているのかもしれません。

かといって、福澤が友だちも誰もいない引きこもりだったのかというと、そんなことはなく、福澤自身が何度も自分で言っているように、おしゃべりで、社交的で、誰とでも打ち解けられる人物でした。ただその付き合い方が浅いもの、〝淡交〟とでもいうのでしょうか、自分は〝淡交〟に徹して、いわゆる親友というものは持たなかったと言っているだけです。

そのほうが、人に影響されないので、自分の独立が保たれるというメリットもあると思います。

もともと福澤諭吉は、熱く議論してときには殴りかからんばかりにヒートアップする〝書生気質〟の交わり方は馬鹿馬鹿しいと思っているような人間です。

福澤が地元中津藩から長崎遊学をへて、大阪の緒方洪庵の適塾で塾生になったときも、

「血に交わりて赤くならぬとは私のことでしょう」と自らのことを語っているくらい、まわりに流されたりしない人物でした。ほかの人がどうであっても、そのことに深く関わったり、影響されないのが福澤の特徴です。

たとえば福澤は囲碁を知らなかったのですが、塾生たちが囲碁を始めると、ときどき勝負に口をはさんで、上手に仲間に入ってしまいます。しかしほかの人たちのように囲碁に夢中になることはありませんでした。

「私は人の言行を見て不平もなければ心配もない、一緒に戯れて洒蛙々々《しゃあしゃあ》としているから却《かえ》って面白い」と自分でも語っています。要するに交わらないわけではないのですが、交わっても赤くはならない。深い影響を友だちからは受けないのです。

他の塾生たちがお茶屋さんに行って遊ぶようなときも、「ついぞ茶屋遊びをするとかいうようなことは決してない」のですが、だからといって、まったくの堅物というわけでもなく、みんなと上手に話を合わせることはできます。

「君たちの百倍被待《モテ》て見せよう」とか「君たちは誠に野暮な奴だ」などと言い、実際にお茶屋さんには行かなくても、行った人以上にどんどん話を発展させることができたのです。

こんな器用な真似ができたのも、人と適度に距離を置き、人に影響されないからこそ、自分のペースで人と付き合うことができたからだと思います。

喜怒を表に出さず、熱くなって議論をしない

福澤は口角泡を飛ばして議論することを馬鹿馬鹿しいと思っていました。当時、若い書生たちはみな天下国家をめぐって議論をするのが好きでしたし、そうすることが当たり前でしたが、福澤はそうしなかったのです。

なぜこれほどまでに冷静な人間になれたのでしょうか。

『福翁自伝』の最初のほうに、福澤はこんなことを書いています。まだ幼少時代の福澤があるとき、漢書を読んでいると「喜怒色に顕《あら》わさず」という言葉が出てきます。その言葉にピンと来て、「これはドウモ金言だ」と思い、いつも忘れないようにこの教えを守ったとあります。「喜怒色に顕わさず」にピンと来たのが幼少時代ですから、生まれつき、かなりクールな気質の子どもだったといえます。

そして、誰かにほめられても、いちおう喜ぶそぶりは見せますが、心の中ではそれほど喜ばない。軽蔑されても怒らない。

「いわんや朋輩同士で喧嘩をしたということは、ただの一度もない」。人とつかみあったり、殴りあったりしたことはまったくなかったというのです。

当時の書生気質はけっこう荒っぽかったので、人につかみかかったり、殴りあったりということはよくあった時代です。しかし福澤は「私の手は怒りに乗じて人の身体に触れたことはない」ということで、腕力をふるうことはなかったと、自分で言っているのですから、少年時代から目立ってクールで、熱くなりすぎない人物だったことがわかります。

といって寡黙だったわけではなく、少年の頃からおしゃべりではありましたが、いわゆる「書生流儀の議論」をしない。議論に勝とうとして顔を赤くして熱く主張することがありませんでした。

相手が必死になってきたときは、スラリと流してしまいます。「あの馬鹿が何を言っているのだ」と思って、「頓《とん》と深く立ち入るということは決してやらなかった」と『福翁自伝』では書いています。

福澤と対照的だったのが西郷隆盛《さいごうたかもり》です。西郷隆盛の場合は、心が熱すぎるきらいがありました。あまりに熱すぎて、武士の不満をすべてくみ取り、西南戦争のとき一緒に切腹してしまったくらいです。相手と一体となる西郷の熱さとは違って、福澤の付き合い方は人と少し距離を置いて、相手に入り込みすぎないようにする冷静さに特徴があったといえます。

特定の人にこだわらない距離感が大切

交際はバランスです。福澤はそのバランスをたくみにとった人物といえるでしょう。『福翁自伝』には先にも記したように「莫逆の友なし」という項目が取り上げてあります。「莫逆」は腹を割った親友のことですが、そうした親友を持たない。「私は私の流儀を守って生涯このまま変えずに終ることであろう」と述べています。

親友を持たないことが福澤の流儀、スタイルだったわけです。いわば〝福澤スタイル〟とでも言えるようなものですが、それが「莫逆の友というような人は一人もない」孤高の生き方でした。

福澤には「本当に朋友になって共々に心事を語る」人がいなかったし、「同藩の人と打ち解けて真実に交わること」ができませんでした。そういう人は「世間にないのみならず親類中にもない」状態でした。

だからといって、「偏屈者で交際《つきあい》が出来ないというではない」と自分で書いています（「交際」と書いて「つきあい」と読むのは『福翁自伝』のこの項目に出てきます）。それどころか、福澤は男女関係なく、誰とでも話すおしゃべりなほうだったようです。

しかしそれは表面（「ウワムキ」とかなが振ってあります）だけのことでした。「あの人のように成りたいとも思わず、人に誉められて嬉しくもなく」「すべて無頓着で、悪く評すれば人を馬鹿にしていたようなもので」「その証拠には、同年輩の子供と喧嘩をしたことがない」人でした。

何度もいいますが、かなりクールな人物です。しかし気取っていて、付き合いづらいかといわれると、そんなことはありません。どちらかというと、福澤が身近にいれば付き合いやすい部類の人物だとみな感じたでしょう。この不思議な距離感が大事だと思います。これが福澤が言うところの交際の基本です。私たちが見習うべきは、このバランスがとれた距離感です。

福澤の交際と正反対の付き合い方がどういうものかというと、始終ＳＮＳや「ＬＩＮＥ」をやっていて、友だちから一時間でも返信がないと嫌われたのかと不安になったり、仲間はずれにされるのではないかとビクビクしているような人間関係です。

友だちがいないと不安だから、常に人の目を気にする。自分がどういう評判を立てられているか、友だちからの評価がすべてであり、いじめられたり排除されると死にたくなってしまう。そういうタイプと真反対の位置にいるのが福澤です。

友だちがいなくても不安だということはまったくなく、親友さえもいなくても、それでいいのではないか、という福澤のスタイルはからりとしていて、爽快です。

かといって、付き合いを拒絶するわけではありません。むしろ誰に対してもオープンに開けた関係が福澤の付き合い方です。

よくいるのは、特定の人とは付き合えるけれど、新しい友だちはできないとか、職場が変わるとうまくなじめず、昔の友だちとばかり会っている人です。こういう人は、せっかく環境が変わったのに、新しい付き合いができずに、同じ関係ばかり続けます。同窓会のように高校時代の友だちや大学時代の友だちとずっと会い続ける二十代を送るのは、あまりに閉鎖的であり、発展性のない生き方です。

福澤諭吉は自ら中津藩を飛び出した人間です。そもそもそこに閉鎖的な人間関係にこだわらないからりとした彼の人間性を見ることができます。福澤は中津藩にいたとき、兄たちが藩の悪口ばかり言っているのを横で聞いていました。そのときは適当に話を合わせていましたが、「そんなに文句を言うなら、藩を出てしまえばいいのに」と思うわけです。そして自分はさっさと藩を飛び出してしまいました。

新しいところで新しい友を見つけ、その時々の付き合いをして、生涯を終えていくというのが福澤のスタイルです。狭い人間関係の中で、特定の人にずっとこだわって、人の顔色をうかがったり、評判を気にしながら、生きる人生ではありません。人生は旅のようなものですから、旅の先々で出会う人とは懇意にしますが、時がくればあっさり別れて、また旅立つというくらいの距離感が大切です。

幅広い交際から偶然の出会いやタイミングが生まれる

世の中と広く付き合いなさいという主張は、子育てを考える上でも大変重要なメッセージです。福澤は『学問のすすめ』や『福翁自伝』で再三、このことについてふれています。たとえば『福翁自伝』の「独立敢えて新事例を開く」という項目では、偶然の出会いやタイミングの大切さについて述べています。私はこれも世の中との付き合い方の中から生まれてくるものだと思っています。

「独立敢えて新事例を開く」という事例として、福澤があげているのは自分自身のことです。福澤は平易な文章で翻訳書を出版し、大変売れたのですが、それは「私の才力がエライというよりも、時節柄がエラかった」と書いています。時節柄が悪いときは、どんなに立派な学者や作家が素晴らしい本を出しても、〝私〟のように売れるわけではない、自分の本が売れたのは、たまたま時節柄が良かっただけだというわけです。

つまり福澤は世の中が変わっていくタイミングと自分を連動させて、上手にチャンスをつかんでいるのです。たとえば咸臨丸に乗って西洋を視察し、『西洋事情』を書くとか、学問や独立の必要性が叫ばれているときに『学問のすすめ』を出版するなど、その時々で、絶妙なタイミングで行動を起こしています。これこそが世の中との付き合い方だと私は思います。

幅広く世の中を知って、見聞を広め、世の中が変わっていく方向を感じながら、行動を選択していく。狭い「交際」にこだわっていたのでは、とても時流に乗れなかった、その柔軟性はまさに福澤の人間交際、すなわち世の中との付き合い方に象徴的に表れています。

私が福澤のあっさりしたクールな「人間交際」のやり方をすすめるのも、こうした生き方をしていれば、世の中が変わっていくタイミングがつかめるからです。

医学者の北里柴三郎との出会いも、福澤の幅広い交際と時流を見る目から生まれています。北里柴三郎について書かれた『北里柴三郎』（中公文庫・上下巻）という本を読むと、大事な場面で福澤諭吉が登場します。

北里柴三郎はドイツのコッホという有名な研究者のもとで感染症の研究をしていました。とくに破傷風の予防と治療に多大な貢献をし、ノーベル賞候補にまでなったのですが、留学から帰国後は恩師と対立して活動が限定されてしまいます。

しかし『学問のすすめ』を読んだ奥さんから、福澤と会うことをすすめられ、福澤に会いに行きます。柴三郎と会った福澤諭吉がどうしたのかというと、柴三郎が日本で初めて伝染病研究所をつくることを支援するのです。

この研究所からはのちに赤痢菌を発見した志賀潔などそうそうたる人材が輩出されます。まさに日本の医学界に金字塔を打ち立てるような大変な研究所になるのですが、当初、柴三郎が研究所を作るときは、「悪い病気に感染するのではないか」など、周囲から大反対を受けます。

福澤は自分の地所を与えて、さらにはわが子を隣に住まわせるというあっと驚くようなことをして、柴三郎を支援しました。

世間的に考えれば、大変な決断に見えますが、福澤諭吉の中では、それがごく普通に行われています。

それればかりか、「経営が大事だから、私のほうから会計に強いものを一人紹介しよう」ということで、人の紹介さえしています。そのおかげで柴三郎の伝染病研究所は軌道に乗ることができました。それも福澤の功績です。

こういう形で、福澤諭吉はさまざまな人たちの活動を助けています。これはひとつには志の問題でもありますが、彼の柔軟で広範な交際のあり方の表れともいえます。

友人として始終一緒にいるわけではなく、初めて出会った人でも、その人が立派なことをしようとしていれば、体を張って助けることもある。暑苦しくてベタベタした友情にはとらわれない。しかし志に共感できれば、初対面の人に対してでも、全身全霊で支援を惜しまない。こうした付き合い方ができるかどうかが大事です。

分け隔てなく付き合うことで社会資本を増やす

福澤が「資本」という表現を好むかどうかわかりませんが、人間交際はひとつの資本だと私は思います。

フランスの社会学者でピエール・ブルデューという人がいます。この人は、資本とはお金だけではない、人脈も社会資本という資本なのだという説を主張しています。「あの人なら知っているよ。ちょっと話を通しておく」と言える人がたくさんいるかどうかが、社会資本の豊かさにつながっていきます。

たとえば両親が手広く会社経営をしていたとします。そこに育った子どもは、普通の家の子どもより知り合いが多いはずです。すると何かビジネスを始めようとするときも、「じゃあ、あの人にちょっと聞いてみよう」「あそこに口をきいてもらおう」など便宜がはかってもらえます。

田舎から出てきて、誰も知り合いがいない人が、突然、東京で商売を始めるのとはまったく事情が違うでしょう。そういうつながりは慶應大学出身者は得意そうです。

資本と言えば、まずはお金が連想されるでしょうが、それだけでは不十分なのです。なぜならお金を継承しても、お金が力を持つのはそれが使われる範囲にとどまります。その領域が限られていれば、お金の力もそれ以上は発揮できません。一方、人脈のほうはその領域自体をひろげ、新たなチャンスを生み出すのです。

その意味では金銭としての資本より、人脈としての社会資本のほうが明らかに強力です。ですからお金より人脈を増やしていくほうが大事だといえます。

福澤諭吉が言っていた人間交際は、まさにこの社会資本を増やしていくことですから、本当に重要です。それも、力のある人と付き合っておこうとか、力のない人はやめておこうという損得がらみのものではなく、いろいろな人と幅広く交わりなさいと言っているところに福澤諭吉の人間交際の特徴があります。社会資本としての人間交際をめざすのであれば、福澤のこのわけ隔てのない人間交際のやり方はおおいに参考になります。

福澤の平等な人間交際のルーツは彼のお母さんにあります。福澤の母親は「乞食でも颯々《さっさ》と近づけて、軽蔑もしなければ忌《いや》がりもせず、言葉など至極丁寧」だったと『福翁自伝』には書いてあります。このようなわけ隔てのない態度が福澤自身の交際のモデルになったに違いありません。

母親の交際のしかたを見て、身分に関係なく、いろいろな人と交わることこそがこの世に生きていく喜びであると、福澤は学んだのでしょう。ですから親の交際のしかたも、子どもの人間交際に大きく影響すると考えたほうがいいと思います。

いろいろな人、いろいろな階層の人と付き合うことが大事なのですから、親もわけ隔てなく幅広い人と付き合うことです。

そして子どもの友だちに関しても、できるだけ良いところのお坊ちゃんやお嬢ちゃんとだけ遊ばせるという〝純粋培養〟的なやり方はやめたほうがいいでしょう。

慶應幼稚舎のお受験をめざしている方の中には、そうした狭さにとらわれて、育ちの良い人とだけ交わらせたいという考えもあるかもしれませんが、それは福澤諭吉の考えとはずれています。

ある特定の豊かな階層の人たちとだけ交わらせて、社会の上層部を再生産していくことは、福澤がめざしたものではありません。また慶應幼稚舎や慶應大学もそうした養成機関ではないはずです。

ですから親の心構えとしては、どんな人とでもわけ隔てなく、自由に付き合えて、優越感もなければ劣等感もなく、人に対してまっすぐに、まっさらに自分の心を向けられる人間をつくることをめざしてください。

読書を通して独立自尊の生き方を学ばせる

だからといって、何でもかんでも全部人前にさらけ出して深く交わっていく必要もありません。あまりに深く入り込みすぎると、愛憎半ばするような、どろどろした友人関係に足をすくわれるリスクもあります。

中学生、高校生でも、友だちにちょっと批判されると死にたくなるという子は多いでしょう。本当に自殺してしまうことも起きています。ＳＮＳで仲間はずれにされただけで、自分の人格すべてを否定されたように受け取ってしまうのは、人間の付き合い方として正しいあり方ではありません。

そういうことがないように、人からどう言われようと自分は影響されない。「馬鹿が何を言っているのだ」という心構えでいることが大事です。

これは少々生意気な生き方に見えるかもしれませんが、それくらいでちょうどいいのです。いまの世の中ではある程度自尊心というか、独立心を持っていないと生きるのがつらい部分が出てきます。

いまはもうみんなが対他者的な視点によって自分を作りあげる傾向があるので、親としては注意が肝心です。ほかの人は自分をどう見ているのかという視点で自分を作ってしまうと、人から否定された場合、自分を維持することができません。人と直接交われば、自分が否定されるかもしれないため、生《なま》の交わりを断ってしまい、引きこもってしまったり、あるいは特定の仲の良い友人と頻繁にメールをやりとりする中に逃げ込んで、ようやく精神状態を保つ人もいます。

そういう人間関係にどっぷりはまるくらいなら、友だちなどいらない。人に頼らなくても、自分で独立自尊した生き方をしていればいいのだ、とわが子に言ってきかせておいたほうがいいと思います。福澤諭吉ならきっとそう言うでしょう。

私は人に頼らず、独立自尊した生き方を支えるもののひとつに読書があると思っています。なぜなら、読書をすることによって、静かな自分一人の時間を保つことができるからです。そして偉大な先人が言った言葉を静かに聞くことによって、自分自身を振り返ることができます。

さらに偉大な先人たちと本を通して対話をすることで、自分自身の存在を確かめることができます。偉大な先人たちのバックアップがあれば、たとえ周りにどう思われようが、自分は自分なのだという自信を培うことができるでしょう。

言ってみれば、読書によって、自分の中に軸を持つ、背骨を持つことができるのです。私は学生たちに夜十時になったら携帯電話を充電し、そして精神も充電するために読書をすすめています。携帯を充電するように、自分自身も読書で充電させたほうがいい。夜中じゅう、友だちと携帯でやりとりをしていても、水平的な人間関係だけで、少しも成長しません。

そんなことに無駄な時間を使うのはあまりにもったいないことです。先人の深い考えや高い志に影響を受けて、自分自身を掘り下げ、高みをめざすというあり方を読書という形で培うのがいいでしょう。

それこそが人に左右されない独立心を作りますし、そうした独立した人間だけがわけ隔てのない幅広い交際ができます。それが豊かな社会資本につながるのです。

狭い人間関係にビクビクしたり、いつも一緒にいる友だちを作ろうと必死になる必要はありません。本さえ読んでいれば大丈夫です。わが子にもぜひ、静かに本と向き合う習慣をつけさせてあげてください。

不安なく人と交際できる力を身につけよう

いまの社会はコミュニケーション過剰な時代です。私は『コミュニケーション力』（岩波新書）という本を書いていますが、まさかここまでみんながコミュニケーション依存症になるとは十年前まで予想もしていませんでした。

いまはもう全員が携帯を気にしていて、時間さえあれば携帯を取り出していじっているありさまです。

ある高校の先生が言うには、部活動の試合のあと、一緒の電車で帰ってくるとき、数年前でしたら、みんなで試合について語り合っていたそうです。でもいまは全員が携帯を取り出して、別の友だちとやりとりを始めるので、帰りの電車の中は異様にシーンと静まりかえってしまうと言っていました。

これは、この三、四年で起きた現象で、そばで見ていると本当に怖いと言っていました。目の前にいる友だちと話すのではなく、ほかの人とコミュニケーションしてしまう。子どもたちの世界ではそんな異常な事態が起きているのだということを、親も知っておいたほうがいいでしょう。

少し前のようにひと晩中、友人たちと酒を飲んで語り明かすような書生気質の付き合いは、いまはもうまったくなくなっているのです。

福澤諭吉も書生気質は嫌いだと言っていますが、彼が緒方洪庵の適塾にいた時代は塾生が全員寝泊まりを共にする寮生活を送っていたわけですから、そうした濃い交わりの中で福澤は生きていたのです。

ですから彼が主張する距離感を持つ人間関係も、基本は寝食を共にする大変濃い人間関係の中で行われていた付き合い方ですので、いまのような、目の前の人と口をきかない人間交際のあり方ととりちがえないことが大切です。

これからますますIT化は進みますから、コミュニケーションのあり方はどんどん変わっていくでしょう。生身の人間とまったくふれあわずに生活していくことも不可能ではなくなります。

しかし人とどう付き合っていけるかは、大事な社会的資本につながります。いろいろな知り合いがいて、誰とでも雑談ができ、仲良くなれる。新しい環境に行っても、不安なく新しい友だちを増やしていける。そうした人間交際、コミュニケーション力こそが社会資本となり、生きていく力に結びつきます。

親友はいなくていい。しかし誰とでも仲良くなれる人間交際術は必要です。「人類多しと雖ども鬼にも非ず蛇にも非ず」「人にして人を毛嫌いするなかれ」という『学問のすすめ』の言葉を標語にして、親自身が広い人間関係を心がけ、子どもをいろいろな人にふれさせて、どんな人も恐れない子どもに育てていく必要があります。

第五章
教育の力は唯人の天賦を発達せしむるのみ
——子どもに多くを求めない

教育にとって環境が重要なことは言うまでもない。子どもに合った環境を見つけることに貪欲《どんよく》であってもかまわない。しかし環境を変えれば、どんな可能性でも花開くというわけではけっしてない。福澤は「遺伝的能力以上のことはできない」と断言する。教育とは植木屋の仕事のようなものだ。もともとの能力を十分に伸ばしてやることは必要だが、子どもに一方的な理想を押しつけたり、ましてや育てたあとで自分に見返りがあることを期待してはいけない。

長崎遊学がなければ〝福澤諭吉〟は生まれなかった

福澤諭吉は自分で学びの環境を選びとっていった人です。学びの環境とは、学校や先生、友だちなども含まれます。これらをきちんと選んでいくことによって、自分を取り巻く環境が変わっていきます。すると、その後の色々な出来事も変わります。もし、福澤諭吉が長崎に遊学しなかったらどうだろうと考えると、その後の福澤諭吉はなかったのではないかと思います。

福澤は大分県の中津藩の下級藩士の家に生まれました。中津藩では門閥による身分格差があって、下級藩士の家に生まれた武士は生涯低い身分のままですごさなければなりませんでした。このがんじがらめの制度に福澤はうんざりしていました。

「ただ田舎の中津の窮屈なのが忌《いや》で忌で堪らぬから」「外に出ることが出来さえすれば難《あり》有《がた》い」と思っていたら、たまたま兄の一人が長崎に行く話が持ち上がります。福澤としては何とか中津藩を出たいわけです。そこで自分は漢文ができたのをいいことに、「人の読むものなら横文字でも何でも読みましょう」と見栄を切って、兄のお供を勝ち取ります。

こうして長崎遊学のチャンスを得た福澤は、「故郷を去るに少しも未練はない、如斯《コンナ》所に誰が居るものか、一度出たらば鉄砲玉で、再び帰って来はしないぞ」という気持ちで長崎に行ったと『福翁自伝』に書いています。

故郷を出たのがよほどうれしかったのでしょう。「後向いて唾《つばき》して颯々《さっさ》と足早にかけ出したのは今でも覚えている」と書いていますから、こんなにもあっさりと故郷を捨てたわけです。

これはひじょうに面白いと思います。要するに、自分を縛りつける制約は取り除きたいという強烈な思いです。

自分はいま若い樹木として伸びようとしているのに、上から押さえつけようとしているものがある。ならば、そこから動きたいという強い意思の表れです。長崎に行けば、外国の本が読めるし、新しい出会いもある。可能性は大きく広がっていきます。しかし身分制度でがんじがらめになっている中津藩にいても、展望はありません。

福澤の兄たちはつね日頃から不平不満を言っていますが、福澤はそんなことを言っている間に藩を出たらいいのに、と思っています。

「よしなさい、馬鹿々々しい。この中津に居る限りは、そんな愚論をしても役に立つものでない。不平があれば出てしまうが宜《よ》い、出なければ不平を言わぬが宜い」といつも兄たちの愚痴をいさめていたといいますから、大変はっきりした考え方を持っていました。このきっぱりした考え方が、自ら学びの環境を選び取る力になっていったのです。

長崎に行った福澤は縁を頼って山本物次郎という地役人の食客になります。そして「有らん限りの仕事を働き、何でもしないことはない」。水汲みもすれば、犬猫の世話もし、手紙の代筆もこなしました。何をやらせてもすべてできるので、大変重宝されます。

いってみれば、マメな男です。私はこの「マメさ」も親がとるべき教育の方針のひとつとしてあげていいと思います。

勉強だけして、ほかのことはいっさいできないということになると、社会で生きていくにはひ弱すぎる人間になってしまいます。福澤はあらん限りの仕事は全部自分でやってのけました。いわゆる手働きというのか、身体を使って働くことは何でもやってしまう。それが身についていると、面倒くさいということがないので、どんなことでもテキパキこなせてしまうのです。つまり生活力が身につきます。

自分の身の回りのことはもちろん、人の世話までしてしまうので、長崎の地役人の家では大変重宝がり、主人から養子にならないかと誘われるくらいです。

福澤のこのマメさが身を助けます。地役人の家では写本の蔵書が秘伝になっていて、その本を人に貸したり、写させたりして、臨時収入にしていました。福澤はマメに写本をして、この家の臨時収入に貢献しました。

のちに福澤が大阪で緒方洪庵の塾生になったときも、原書を徹夜で写本してしまったので、緒方先生から「お前の学費は心配しなくていいよ」と言われたほどです。

自分も環境も変える「環境先行型」の生き方

長崎である程度修業をしたあと、福澤は江戸をめざします。「不図《ふと》江戸に行きたくなりましたから、これから江戸に参ります」と言って、本当は義理立てしなければいけないところもあったのですが、何とかごまかして江戸に向けて旅立つのです。

その途中、大阪に寄るのですが、ここで大阪の倉屋敷に勤務している兄から「大阪にもいい先生がいる。大阪で蘭学を学べばいいだろう」と言われます。当時、洋学といえば、蘭学のことでした。そこで蘭学の先生を探してみると、緒方洪庵の適塾が見つかったのです。

これもひとつの環境選択といえます。とにかく自分を伸ばすために環境をどんどん変えていく。そうやってチャンスを広げていくやり方です。サッカー日本代表の本田圭佑選手もこのタイプです。彼はあるインタビューで「自分は環境先行型なので」というようなことを言っています。所属するチーム、つまり環境を次々と変えていき、自分が成長するだけでなく、行った先の環境も押し上げてしまいます。

たとえばオランダのＶＶＶフェンローというチームに入ったときは、二部リーグだった同チームを一部リーグに格上げします。そのあと今度はロシアに行ってチームの成績に貢献し、さらにＡＣミランに移籍するというように、自分自身の環境を変えていくことで、自分がその環境に合った人間に成長していくのです。

つまり本田がいう「環境先行型」は、環境を先に変えて、自分を伸ばしていくやり方です。それは、いまのサッカーでは当たり前のようになっています。まずは海外に出なければ海外の経験は積めません。香川選手や長友選手、内田選手など数々のトップ選手が海外チームに行き、当たり前のようにプレーしています。

その道を切り開いたのは中田英寿選手です。彼がイタリアのペルージャというチームで成功したおかげで、日本のことがヨーロッパでも知られるようになり、海外チームからオファーが来るようになったのです。

野球の世界でも同様です。野茂英雄投手がなかば日本を追われる形でメジャーリーグに入ったことが、日本選手に道を開くきっかけになりました。野茂がアメリカでノーヒットノーランを達成し、大成功したおかげで、いろいろな選手が日本からメジャーリーグに渡るようになったのです。

環境があれば、そこで才能が花開く可能性は確かにあります。道が開かれているなら、どんどん活用すべきです。

福澤諭吉の場合は、その道がまだはっきりしない時代ですから、とりあえず藩を出て、まずは長崎に行き、そこから江戸をめざします。しかし途中で寄った大阪にも良い先生がいたために、ならばそこで学ぼうということで、緒方洪庵の塾に入ります。ひじょうに柔軟な生き方ですが、つねに環境先行型で動いていたことは本田や中田、野茂などと共通しています。

その柔軟な生き方が〝福澤諭吉〟の基礎を作ることになります。

生涯尊敬できる師との出会い

緒方洪庵の塾での修業については、『福翁自伝』の中に「大阪修業」という項目があって、いろいろなことが書かれています。塾生はみなものすごい勢いで勉強したとか、立ったまま食事をしたとか、武勇伝の数々はいま読んでも面白いものです。

福澤は家族の病気などで実家の家計が逼迫し、学費が払えなかったのですが、緒方洪庵は陰になり日向になりながら、福澤を助けます。

福澤が中津に帰省したさい、家老筋にあたる人からオランダ語の築城書を借りたのですが、それをあらん限りの根をつめて盗み写してしまいました。

大阪に戻った福澤は緒方洪庵に「先生、オランダの築城書の原書を盗み写してこの通り持って参りました」と差し出します。このときの緒方洪庵と福澤の会話がとてもナイスです。

緒方先生は「そうか、ソレは一寸《ちょっ》との間に、怪しからぬ悪い事をしたような、また善い事をしたようなことじゃ。何はさておき、貴様は大層見違えたように丈夫になった」と言うと、福澤は「左様《さよう》でございます。元の通り丈夫になりました」と答えます。

そのあと緒方先生が「ソコデお前は一切聞いてみると如何《いかに》しても学費のないということは明白に分った」「その原書は面白い。ついては乃公《おれ》がお前に言い付けてこの原書を訳させると、こういうことにしよう」ということになり、福澤を緒方家の食客生にします。

つまり福澤を翻訳者という名目で家に置くわけです。すると福澤は「嘘から出た誠で、私はその原書を翻訳してしまいました」とあります。本当に写本した原書を全部翻訳してしまったのです。

そしてしばらくは緒方家の屋敷から塾に通っていましたが、やがて他の塾生と同様、塾の中に住む内塾生となり、集団生活が始まります。

福澤は幼少時より「酒に目のない少年で、酒を見ては殆んど廉恥《れんち》を忘れるほどの意気地なしと申して宜《よろ》しい」というほどの飲んべえでした。「生来酒を嗜《たしな》むというのが一大欠点」と自分でも自覚しているほどですから、塾生になったあとも、酒にまつわるエピソードがいろいろ出てきます。

塾生宛に、なじみの遊女を装って偽手紙を書いたり、夏は暑いのでみんなまっ裸で立って食事をしたり（その様子を「百鬼立食」と語っています）、橋の上から茶船に向かって小皿を投げつけて逃げたり、料理茶屋で万引きしたりと乱暴狼藉を働きますが、見方によれば物事に無頓着な豪快な書生時代ともいえます。

一方で、塾生たちは、日夜を問わず勉強に明け暮れていました。競争も厳しくて、完全実力主義による席次も決まっていました。会読というオランダ語の原書を解釈する授業では、予習として塾生たちが事前に一冊しかない辞書に群がって翻訳するのですが、互いに教えあうことも、誰かに聞くこともありません。もちろんいまのようにコピペに頼ることもできません。

この会読が月に六回あったので、緒方の塾では月六回試験があるようなものでした。うまく翻訳できないと、席次が上がらず、いつまでたっても卒業できないのですから、塾生はみな真剣でした。学問的な節度がきわめてしっかり保たれていたのです。

ときには緒方先生に講義をお願いすることもありましたが、「その緻密なることその放胆なること実に蘭学界の一大家」「名実共に違わぬ大人物」と福澤も絶賛し、毎回感激していたといいます。

塾生になってよかったのは、やはり生涯尊敬できる緒方洪庵という先生に出会って、その人格に直接ふれられたということです。こんなに素晴らしい先生がいるのだという事実が、おそらく福澤に教育に対する自信をもたらしたに違いありません。

それまで福澤は本当に尊敬に値する先生に出会ったことはありませんでした。ここで初めて学識と人格ともにそろった素晴らしい人物に出会い、情愛の細かい師弟関係を結べたことで、教育とはこういうものだというロールモデルができたわけです。

これこそが私塾の素晴らしさです。「私の塾」でこそ、本当の教育が行われるのだと私はかねがね思っています。政府や幕府に強制されたり、誰かに言われていやいや行かされるのではなく、勉強したい者が自分から来て、本気で勉強するのが私塾です。そこには本当に勉強したい者しか集まっていません。

ですから勉強して金持ちになってやろうとか、名をなしてやろうなどという目先のつまらない目的で勉強するのではなく、ただもう勉強が難しければ面白い。苦い薬があれば、どれだけでも飲んでやろう。「苦中有楽、苦即楽」という境地で、純粋に学問に没頭して勉強していました。

「始終我身の行く先ばかり考えているようでは、修業は出来なかろう」というような無我夢中の修業期間であって、それがかえってよかったと福澤は振り返っています。

自分で自分の環境を見つけ、その環境で自分を変えていく。この修業場所を見つけることも成長の大きなポイントになります。

環境の壁を乗り越える進取の精神

大阪でひと通り蘭学を学んだあと、福澤は江戸の蘭学社会を学ぶために、江戸へ行きます。江戸で蘭学の学者たちとも会い、彼らのレベルがだいたいわかって安心するのですが、あるとき横浜に行って、大変ショックを受けて帰ってきます。というのも、横浜では看板や張り紙など、みな英語で書かれていたからです。

大阪で死に物ぐるいでオランダ語を覚えたのに、世界はどうやら英語が主流になっていくようです。「実に落胆」と福澤も『福翁自伝』に記しています。しかし落胆していてもしかたありません。英語が主流になるなら、英語をやるしかない。ここが福澤の根っからからりとした前向きなところです。

「朋友がなくてはならぬ」と福澤は仲間を求めて、一緒に英語の独学を始めます。幸い、英学の友が見つかって、友だちと励まし合いながら、先生もなく、辞書だけで英語の勉強を始めるのですが、やってみたら、オランダ語も英語も「等しく横文」、つまり横書きの文章で、文法もおおむね同じでした。「蘭書を読む力はおのずから英書にも適用して、決して無益でない」と福澤自身も言うように、案ずるより産むがやすしで、最大の壁を乗り越えることができました。

英語という環境に直面したとき、それでも蘭学にこだわって、蘭学ばかりやっていた人もいます。「自分は英語は無理だから、いっさいやらない」と言った人もいます。でも福澤は落胆しつつも、逡巡《しゅんじゅん》せずに壁に挑戦していきます。そしてやってみたら、案外に楽に乗り越えることができました。

これは時流に逆らわず、必要と思われることはどんどん取り入れていくという進取の気象そのものです。エンタープライズ（積極性、冒険心）とでもいうのでしょうか。その前向きさが、環境の壁を突破していきます。

そして学んだ英語を活かして、今度は咸臨丸に乗り込んでしまいます。軍艦奉行の木村摂津守《せっつのかみ》に、蘭学医のつてをたどって「従者としてつれていってほしい」と頼み込むのです。当時、外国航海などは開闢《かいびゃく》以来の珍事ですし、アメリカにいくことなど命がけの恐ろしいことでしたので、従者に進んでなる者などいなかったのですが、福澤が名乗りでたので、木村摂津守は渡りに舟と喜んだことでしょう。

渡米してみたら、驚くべきことばかりでした。それを福澤は本にしてまとめます。お供で行ったわりには、学んだものはものすごく大きいということで、福澤にとっては大収穫でした。外国に行くことも含めて、これも環境設定といえましょう。

フィットする人に出会うまで先生を変える

このようにすべては環境設定によって決まります。環境によって自分を成長させ、スケールアップさせていくことができるのです。

ですから、家庭内で子どもを育てるときも環境設定を先行させることはとても大切です。たとえばあの学校に入れようとか、この先生につけようという選択が大事です。

音楽家に聞くと、楽器を習わせるにあたってはどの先生に師事するかがとても重要だといいます。一度その先生に師事すると、先生が亡くなるまで弟子になるという場合も多いらしく、誰につくかでその後の人生がまったく違ってしまうといいます。

体操の白井健三選手はわずか十七歳で、世界選手権の床の種目で金メダルを獲得しました。「ひねり王子」と呼ばれているくらい難度の高い技を連発する体操界の逸材です。

彼の家は体操教室を運営していて、お母さんが指導者でした。彼のお兄ちゃんたちも体操を習っていたので、白井選手は兄たちと一緒に小さいときから体操教室でくるくる回転したり、ひねって遊ぶ遊びをしていました。

そういう環境があったから、才能が開花したわけです。

内村航平選手も親が体操教室をやっていました。卓球の福原愛選手も親から卓球の英才教育を受けています。そう考えると、環境はひじょうに大事なことがわかります。環境によってさまざまな天才が生まれるといえるでしょう。

本当に才能がある人は、どんな環境にあろうと、そういうものをすっ飛ばして、伸びていきます。競馬でいえば、大外からごぼう抜きして、トップでゴールしてしまうように、遠回りでも抜いていってしまうでしょう。

しかし普通の才能しかない人はどんな先生につくか、どんな塾に入れるのか、どんな学校にいくのかという環境設定が大事なので、まずは先生を慎重に選ぶという考え方でやっていくといいでしょう。

家庭教師を含め、ピアノにしても、塾にしても、ある先生に習わせてうまくいかなければ、どんどん先生を代えてもいいと思います。一人目、二人目ではあまり効果があがらなくても、三人目、四人目あたりで「おお、これは素晴らしい」という先生に出会えることもあります。

そのへんは妥協せずにどんどん代えていけばいいでしょう。福澤も中津、長崎、大阪、江戸、そして外国へと、刺激があるところへ自分の環境を移していきます。

一カ所で満足するのではなく、長崎に行ってひと通り学んだら、今度は大阪で蘭学を学び、蘭学界の様子がわかったら、今度は江戸へ上り、さらに海外へ行く。そうやって環境を変えて、自分をスケールアップさせていくのです。

領域を超えれば、その環境ができてくる

私もここまで来るにあたって、環境を変え、自分の領分ではないことも踏み越えてやってきました。学者になるのは、自分の専門ですので当たり前のことですが、それ以外にも本を出したり、ましてやビジネス書を出すというのは、会社員をした経験もなければ、MBAを取ってビジネスの理論を勉強してきたわけでもない私にとっては、無謀といえば無謀です。

また日本語の本を出すのも当初は専門外でしたし、テレビにコメンテーターとして出て

しゃべるとか、はては朝の帯番組のMCまで引き受けるという「普通はやらないだろう。やめておけ」と周りに言われるようなことばかりやってきました。

「そこまで広げないほうがいいよ。現状でうまくいっているのだから」という親切なアドバイスもたくさん受けましたが、ことごとく聞きませんでした。

聞いていたら、いまのようになっていなかったと思います。もっとも、大学の先生として専門のことだけやっていれば、きっと平和で穏やかに、そして長生きしながら人生が送れたかもしれません。

それでもよかったのですが、私にも福澤諭吉的なところがあるのか、どんどん世間を知りたくなってしまうのです。より大きなところで世間を知り、自分を成長させて、この世の中、日本の独立、繁栄に貢献したい、より大きな仕事を担いたいという思いが勝ってしまうのです。

だから本を出さないよりは出す、自分の領域ではなくても、自分で役に立つことなら何でもやる。テレビに出て何か言うのは大変なストレスではありますが、それをあまりストレスと感じないように慣れてしまおうと思ったわけです。

そういう風にしていって、環境ができてくると、いろいろなことがわかってきます。コメンテーターも、五年、十年とやっていると、世の中の需要もわかってきて、様子がつかめてきます。本来ならもっと専門的なジャーナリストが言うべきことかもしれませんが、そこで自分が求められていることをきちんとやっていくことによって、仕事の幅が広がっていきます。

ビートたけしさんも、最初から映画監督として有名だったわけではありません。お笑い芸人としてスタートし、その道をきわめながら、映画の領域にも挑戦し、成功していきました。自分を鍛えつつ、また一つ領域を広げていく。ひとつやって慣れていき、さらにもうひとつ広げていくというように、環境を変えながらどんどん自分を伸ばしていった人です。

ですから「孟母三遷《もうぼさんせん》」（孟子の教育のために母が環境を変えた逸話）ではありませんが、子どもの環境を変えながら、成長を促すのは親の役目といえます。

好奇心こそが壁を乗り越えていくエネルギー

新しいことに挑戦するのはエネルギーを使うこと、疲れることというイメージがあります。しかし好奇心という馬力を使うとあっさり乗り越えていくことができます。

福澤にあったのも、世の中をもっと知りたいという知的な好奇心だったと思います。もちろんこの国を何とかしたいという使命感もあったでしょうし、自分自身の才能がもっと広がるのではないかという期待感もあったでしょうが、大きくいえば新しいものに対して興味を持つという好奇心だったと思います。

緒方洪庵の塾であれだけ夢中で勉強できたのは、新しいことを学ぶ好奇心があったからにほかなりません。蘭学を勉強してみたら、実は人間は脳で動いているのだということがわかってひじょうに驚き、一生懸命勉強して、基礎的なところは現代でも通用する生理学の知識を『福翁百話』でも披露しています。

またオランダの築城書や砲術など実務的なことも勉強します。それこそ実務から生理学まで、ありとあらゆることを知らないではもったいないとばかりに、貪欲に吸収しようとします。それが好奇心です。

福澤には新しいことを知るワクワク感があったと思います。使命感だけではエンジンは回り続けることができなかったでしょう。

人間は自分の足で立つ、つまり独立することが大事ですが、それが片方の車輪だとすると、もう一つの車輪は好奇心だと思います。「面白いじゃないか」「やってみようじゃないか」という知的好奇心が一緒に回らないと、壁を乗り越えていけないし、長続きしないのではないでしょうか。

英語が必要だとわかれば、それも面白いではないかと、独学でもやり切ってしまう。咸臨丸がアメリカに行くらしいとなると、お供としてでも入り込んでやろうとする。このあたりの無鉄砲さは吉田松陰と少し似ているところがあります。

しかしこの二人が対照的なのは吉田松陰には「狂《きょう》」がつくことです。松陰は人物としては穏やかですが、一方、その志は一途過ぎて、情熱があふれかえり、周りが見えなくなってしまうところがあります。

時代も微妙に違っていて、吉田松陰は日本を思うあまり、黒船に乗り込んで捕まってしまいます。彼は黒船に乗り込んで外国へ行き、外国の文明を知って、日本を防衛しようとしたわけです。

外国のことを学んで日本を防衛するという点では福澤諭吉も同じ思いでした。しかし時代がちょっと違ったせいで、あるいは気質がちょっと違ったせいで、松陰は黒船に乗り込んで捕まってしまい、罪人となります。言葉も通じないので、つかまって移送されるとき、「かくすれば　かくなるものと知りながら　やむにやまれぬ　大和魂」という悲壮な歌を詠み、最後は打ち首になってしまいます。

運の風は好奇心が強い人に吹く

それに比べて、福澤は志は松陰と同じでしたが、方法論がまったく違いました。木村摂津守に上手に取り入って、要領よく咸臨丸に乗り込みます。きちんと手続きを踏んで、何の問題もなく堂々と渡航できてしまうわけです。

そして、一生暗殺されることもなく、天寿を全うしたところを見ても、福澤は運の良い人間だったことがわかります。

たまたま福澤諭吉が運が良かったというのではなく、明らかに自分で運を引き寄せているところがポイントです。たとえば、下働きをして、その家の人間に可愛がられるのは、偶然の運ではありません。中津藩を出たのも偶然の運ではありませんし、江戸に行くと決めたことや、咸臨丸に乗り込むために縁を頼って取り入ってしまったのも、偶然の運ではありません。

福澤自身は時節柄が偉かったんだという風に言っていますが、そうやって自分で選びとる選択のひとつひとつが運の良さを引き寄せているのです。やはり運は好奇心にあふれていて、これは面白いからやってみようと思っている人のところにやってくるのではないでしょうか。世の中は何でもやってみる好奇心が強い人に風が吹くようにできているのです。ですからわが子を運の良い子に育てようと思うのなら、好奇心を大切にするといいと思います。

私はさまざまな世界でのトップランナーたちと会う機会がありますが、会えば会うほど、そういう人たちは好奇心が強く、自分の知りたいこと、やりたいことを仕事にしていることに気づきました。つまり自分の仕事を遊びにしている人が多いのです。

私自身、そういうところがあって、授業をするのはほとんどくつろぎであり、テンションが上がる遊びというか、スポーツのようなところがあります。

授業をひとつ終えると、「今日も良い運動をした」「学生と一緒に汗を流した」という爽快感に包まれるので、授業がない夏休みや春休みは体調が悪くなるほどです。いつも休みが終わって、大学が始まるとほっとします。

本を出すのも大変な作業ですが、出していると気分が良くて、出さないと調子が悪くなります。やはり半分遊びのようなところがあって、遊びを真面目にやっているという感じです。

デザイナーでも一流の人を見ていると、頼まれなくてもどんどんデザインしてしまったり、遊ぶ時間を惜しんで仕事をしていたり、あるいは頼まれている仕事とは別に自分の趣味のデザインをしている人もいます。

遊びと仕事の区別がないといってもいいでしょう。たとえばコピーライターの糸井重里さんの仕事を見ていると、ネットで「ほぼ日刊イトイ新聞」を精力的に書いているかと思えば、本を出し、グッズも作り、もちろんコピーの仕事もして、ほとんど仕事なのか、遊びなのかわからないくらい毎日たくさんのことをして楽しんでいます。

秋元康さんもひじょうに成功している方ですが、「残りの人生がわずかだったら何をしたいですか?」と聞かれると、「仕事がしたい。仕事が一番面白いから」と答えています。仕事が面白いのは好奇心をもってやっているからです。自分が楽しめるような環境、自分を刺激してくれる環境をつねに選んで、成長させていく。福澤諭吉はその選択が見事だったから、あの変動の激しい時代にあって、これほどまでに影響力がある人間になれたのではないでしょうか。

もとの頭もよかったとは思いますが、好奇心を殺さずに、自分を楽しませ、成長させる環境をつねに選びとる力があったことが、福澤諭吉という人間をつくりあげたのだと思います。

持って生まれた以上のものになることはない

環境を変えて、子どもを成長させることは大事ですが、最後にこれだけは言っておきます。いくら子どもの環境を変え、好奇心を満たしてやっても、子どもが親の期待通りに育つとは限りません。『福翁百話』では、「子どもにあまり多くを求めるなかれ」ということも言っています。

「教育の力は唯人の天賦を発達せしむるのみ」という項目があって、人には「遺伝の際限ありて決して其以上に上るべからず」と言っています。つまりその人が持って生まれた天賦の才能が教育によって伸びればラッキーなのであって、それ以上にかけはなれたところを望んではいけないというのです。

「人力を以て智者を製作せんと欲する」のは大いなる間違いであり、馬の子どもに生まれながらの良否があるのと同様、「人の子の天賦に智愚の定度」があるのだから、番付の末席に二年も三年もいるような相撲取りがいくら頑張っても関取に昇進はできないのだよ、と身も蓋もないことを言っています。

福澤によれば、教育とは「植木屋の仕事の如し」です。植木屋さんが上手に木を伸ばしてあげるように発育させるのが本来の教育です。つつじで生まれたものを杉に育てることはできない。つつじはつつじらしく育てるのが教育です。

言っていることは冷たいようですが、落ち着いて考えてみれば、まったくその通りです。遺伝的な素質があるのだから、それに添うのがいちばんいいのは当然といえば当然です。どの子にも無限の可能性があるという言い方をするよりは、福澤の主張のほうがよほどリアルで親切だと思います。

私がどんなに努力をしても、一〇〇メートル走で世界に出るのは無理でしょう。静岡の小学校にいたときに、すでに自分より速い人がいっぱいいたのですから、絶対に世界に出ていくのは無理だとわかります。

テニスに打ち込んだ時期もありましたが、高校時代のとき、プロになるのは難しいということがわかりました。そういう挫折に次ぐ挫折があって、いまがあります。

自分を知り、自分の才能や特質を知った上で、それに応じて自分を伸ばしていくと考えたほうが、本来の才能を伸ばしていけると思います。どの子にも無限の才能があるという言い方は、ごまかしではないでしょうか。

福澤はひじょうにリアルな人間です。教育者であれば、「人は教育によって変わります」と言いたくなるところですが、教育はそれほどのものではないと福澤は言ってしまうのです。教育はその人が持っているものを伸ばすだけ。広大無辺ではありません。

これは親にとって、最後の自戒として、肝に銘じておくべき言葉でしょう。親の力で、子どもはどうにでもなるという風に考えるのは傲慢です。子どもはその子なりの素質をもって生まれ、その子の傾向や気質もあります。それらを邪魔しないよう、植木屋さんのごとく上手に剪定して伸ばしながら滋養を与える配慮と環境設定をするのが親の役目です。

その子の中身を根本的に変えて、無から有を生み出すようなことをさせても、そんなことはできっこありません。子どもに負担がかかるだけで、かえって子どもの成長をさまたげてしまうことになるでしょう。

遺伝子がスイッチオンする環境に置く

才能が花開くことに成功している人たち、たとえば体操の「ひねり王子」こと白井選手や内村航平選手は、親が強制しないのに自分からどんどん真似してやっていたといいます。才能がある人の親に聞くと、たいてい「何も言わないのに自然にできるようになっちゃったんですよ」といいます。

ということは環境を用意しても、真似してやる子もあれば真似しない子もある。才能がある子なら、自然にやりだして、伸びていくと考えていいでしょう。家にギターがあれば、才能がある子なら自然にギターにさわって伸びていきます。私の家にはギターがありましたが、私が弾いたことはまったくありませんでした。

いま振り返ってみると、私に音楽の演奏の才能はもうきわめつけといっていいくらいにありませんでした。その証拠に私は五十歳からチェロを始めたのですが、リズム感や音感に致命的な問題があって、まったく上達がみられなかったのです。

私はたまたま仕事で自分が一番得意なことをやっているので、調子に乗って偉そうなことをしゃべっていますが、ひとたび音楽の話になると、もうまったく何も言えません。

英語に関してもそうです。

私は英語の読み書きはできますが、聞き取りとなると、極端に力が落ちてしまいます。大学に入るまではすごく英語ができると自負していたのですが、大学の英語で最初にＦＥＮを聞き取る授業を受けたとき「本場のスピードでは聞き取れない」ことが如実にわかったのです。

ＦＥＮというのは、ファー・イースト・ネットワークという米軍の基地向けの放送で、ニュースもありましたが、英語がえらく速口です。

私はほとんど聞き取れなかったのに、授業では平気で書き取っている人たちがたくさんいて、大きな衝撃を受けました。初めて英語で「自分はこんなにできないのか」とがっくり来たのを覚えています。

その時点で英語の聞き取りを訓練をする手もあったと思いますが、私は英語が聞き取れなくても、英語の読み書きができて、翻訳ができればいいと判断しました。つまり総合的な判断として、聞き取りが弱いという一つのコンプレックスを消すために、ぼうだいな努力をすることを選択しなかったわけです。

自分はそれほど耳が良くないので、聞き取りは不得手である。ならばそこを使わない仕事で何があるのか考えたとき、そういえば昔から国語はよくできましたし、日本語が得意でしたから、日本語のほうにいくことに決めたのです。

「畢竟《ひっきょう》人生の天賦遺伝に固き約束あるを知らざるの罪なり」、つまり遺伝的な約束があってそれを超えるのは難しいという福澤諭吉の言うことは、冷たいのではなく、現実に則しているといえます。たとえば日本人がＮＢＡというプロバスケットボールの世界で大成功するのは難しいでしょう。そもそも身長が足りません。

だから、できることをやっていこうじゃないか。できる範囲で、一流になればそれは世界で通用するのだという福澤の発言はきわめて現実的で前向きでもあるのです。才能という遺伝子をしっかり開花させて、スイッチオンさせていけば、世界で活躍できる可能性もないわけではありません。

遺伝子にないものはできませんが、眠っているスイッチをオンさせることはできます。分子生物学者で村上和雄さんという方が遺伝子のスイッチをオンにする本を何冊か書いていらっしゃいますが、この本はとても興味深いものです。

まさにその遺伝子のスイッチをオンにするのが教育の役目だと村上さんは言っています。そのとき一番大事なのは環境だそうです。たとえば一流の人に会うとか、一流のものにふれるなどの刺激ある環境に置かれて、初めてスイッチがオンになります。するといろいろな能力が伸びていくのです。先ほどから言っている環境設定の大切さも、ここでも証明されているわけです。

遺伝子に差があるということはもう努力ではどうにもなりません。スイッチがオンになる環境設定があるかどうかはある程度選ぶことができます。その意味では環境のほうが重要です。

ストレスを感じないのが才能

人によって明らかな才能の違いがあることは事実です。しかし、それを必要以上に悲観的に「能力のなさ」のようにとらえることはありません。それはたんなる向き、不向きと考え、自分が向いていること、得意な方面を伸ばしてやればいいのです。

たとえば、山登りについては、私は山に登る気がまったくしません。何のために登るかわからない、苦しいだけだと思っています。でも犬のように、球が飛んでくれば即反応して追いかけたくなる性格です。ですから球技はできます。しかし山登りはできません。

そう考えると、人それぞれ細かに向き不向きがあって、向いていることをすれば疲れません。本を読むと疲れる人でも、料理をしていれば疲れない。やっていても疲れない、ストレスがないことは何かというふうに考えていくと、たとえ苦しくてもストレスがないものが必ずあります。それがその人の才能です。

楽しさだけを追求すると完全に遊びになってしまうので、それとは別に、これをやるのは大変だけれど、ストレスにはならないもの、そこに自分の向き不向きを見いだし、伸ばしていけばいいでしょう。それがその人の才能です。

親が子どもを観察するときは、子どもがこれを乗り越えていくのは楽しみだという何かを見つけてあげて、環境を整えていくことによって、上達の基本形ができあがると思います。

ひとつ成功できれば、ほかのことにチャレンジした場合もうまくいくでしょう。

たとえば水泳が得意だったら、良い水泳教室を探してやってそこで学ぶことで、上達の原型ができあがります。すると水泳を辞めたとしても、上達するモデルができあがっているので、自分の中に自信がつくということです。

親は子どもの傾向をみながら、向き不向きを発見して、向いているものを伸ばしていく。得意分野が伸びるような環境設定をしていくことが、福澤が教える教育の第五の柱になります。

付録1　慶應義塾という学校

大砲の音がとどろく最中も授業を続ける

そもそも福澤諭吉が教育に携わるようになったきっかけは、江戸にある中津藩の藩邸に蘭学《らんがく》塾を開くにあたって、緒方洪庵《おがたこうあん》の適塾で学んだ福澤に白羽の矢が立ったからです。一八五八年（安政五年）、福澤は中津藩の家老の中屋敷がある鉄砲洲（中央区湊あたり）で藩の子弟に蘭学を教える塾を開きました。これが慶應義塾の前身になります。

その後、福澤は三度にわたる洋行の機会を得て、欧米諸国を見聞し、日本が独立国家として世界から認められるようになるには教育が大切だと痛感します。

そして明治維新をはさんで、激動の時代のさなかにあっても、変わらず教鞭《きょうべん》を執り続けました。上野で行われた彰義隊《しょうぎたい》と新政府軍の戦闘のさいにも、江戸中の茶屋や芝居小屋などすべて休みになるなか、福澤は英書で経済学の授業をやっていたといいます。彼がいかに教育に重きを置いていたかがわかります。

一八六八年、福澤は鉄砲洲にあった塾を芝に移転。時の年号にちなんで慶應義塾と名付けました。これが慶應義塾の始まりです。「義塾」とは誰でも塾で平等に教育が受けられる学校のことをいいます。しかし福澤は欧米のパブリックスクールのイメージで、「義塾」に新しい知識のための学塾という意味を込めたと、慶應義塾のＨＰには記されています。

慶應義塾の教育方針として福澤は「数理」と「独立」を掲げました。官僚を育成する官学と違って、福澤は合理性に基づく科学的な姿勢で真理を追求するとともに、独立自尊の人間の育成をめざして、まったく新しい私塾を開いたわけです。そのため、福澤はどんなに塾の経営が厳しいときも、政府から援助を受けませんでした。あくまで独立を貫こうという慶應義塾の精神は創立当時からあったのです。

当時、福澤が塾生たちに記した「慶應義塾の目的」と呼ばれる一文が、慶應義塾のＨＰに公開されています。

「慶應義塾は単に一所の学塾として自から甘んずるを得ず。其目的は我日本国中に於ける気品の泉源、智徳の模範たらんことを期し、之を実際にしては居家、処世、立国の本旨を明にして、之を口に言ふのみにあらず、躬行実践、以て全社会の先導者たらんことを欲するものなり」

慶應義塾はただ学問を教える学校ではなく、社会のリーダーにふさわしい人格を持った人材を養成するのだということを福澤はここではっきりと述べています。世の中の役に立つ人を輩出するという「実学」の考えは創立当初から受け継がれた慶應義塾の精神でした。

日本で初めて授業料をとった学校

日本には昔から私塾はありましたが、福澤の慶應義塾はそれまでの私塾とさまざまな点で一線を画していました。たとえば授業料をとって塾生に教えたのは慶應義塾が初めてでした。従来の私塾といえば、入塾のときにお金を納め、その後は盆暮のさいに、お金や品物にのしをつけて先生の家に届けるのが習わしでした。

しかし福澤は「教授も矢張《やは》り人間の仕事だ、人間が人間の仕事をして金を取るに何の不都合がある」(『福翁自伝』)ということで、生徒一人から毎月金二分を納めさせることを決めました。いまでこそ、決められた授業料を払うのは当たり前のことですが、当時の人々にとっては驚きだったようです。二分以上包んで持って来たり、わざわざのし袋に水引をかけて持参する塾生もいました。

すると福澤はちゃんとお釣りを渡したり、お金だけもらってのし袋は返すなど、「随分殺風景なことで、世間の人の驚いたのも無理はないが」（『福翁自伝』）そのやり方を貫きました。いかにも合理主義者の福澤らしいエピソードです。そのおかげで、授業料の制度はほかの塾や学校にも広がり、つけ届けが幅をきかしていた不透明な教育の場に公平な評価や平等な学びの機会が実現していくのです。

また慶應義塾では先輩が後輩に教える「半学半教」という仕組みにして、従来の封建的な師弟関係を廃しました。塾生の半分は先生、半分は生徒ですから、そこから先生も生徒も学び続ける慶應義塾の伝統が生まれたわけです。

教師たちはみな塾生、またはOBなので、愛塾精神は旺盛だったようです。毎月の授業料は教師たちに配分されるのですが、福澤自身がこの中から一銭の給料も取らなかったばかりか、教師たちもみな少しでもお金をもらわないようにしたといいます。

毎月、月末になると教師たちの間で、「私はこんなにいりません」「あなたがたくさんもらってください」と互いに議論が始まったと、『福翁自伝』には書かれています。

西南戦争が始まり、徴兵される塾生もいたために、一時期、慶應義塾は塾生が減って経営は厳しくなります。しかしその時期も募金を募るなどして、教員、塾生、卒業生みなの力で危機を乗り越えていきます。「社中協力」といわれる慶應義塾関係者の強い絆はこの頃からの伝統だったのです。

福澤諭吉の住居あとに建てられた幼稚舎

慶應幼稚舎は一八七四年（明治七年）、福澤の門下生である和田義郎によって作られました。年少の子どもたちを慶應義塾内で教えたのがその始まりです。当初は「和田塾」とよばれていた塾に「慶應幼稚舎」の名前が用いられるようになったのは一八八〇年（明治十三年）頃からです。長らく、幼稚舎は慶應義塾内にありましたが、一九三七年（昭和十二年）に現在の地、広尾駅にほど近い天現寺交差点に移転しました。天現寺は福澤の住居があった場所です。福澤の思想を忠実に受け継ぐ慶應幼稚舎が、福澤の居宅跡にあるというのも象徴的な意味合いを感じさせます。

現在、慶應幼稚舎は小学校受験の中でも、もっとも入るのが難しい学校のひとつといわれています。小学校から大学までエスカレーターで進学できるため、受験に振り回されることなく、勉学や好きなことに没頭でき、さらには一生の友人や知人、恩師が得られる環境は、親にとっても大変魅力があるでしょう。事実、幼稚舎時代から築かれた人的ネットワークは生涯の財産となることが多いようです。

このため、わが子を慶應幼稚舎に入学させたいという親は多く、毎年千六百人〜二千人もの希望者が押し寄せます。多数の受験生をさばくため、慶應幼稚舎の試験は性別、誕生月ごとに、七日間程度に分けて行われるのが通例となっています。

試験は運動と行動観察、お絵描きが中心で、ペーパーテストはありません。石井至さんの『慶應幼稚舎』(幻冬舎新書)という本によると、受験会場で子どもたちはグループにわかれ、模倣体操をしたり、教師の指示にしたがって運動したり、ゲームなどを通して行動観察が行われているそうです。

またお絵描きでは、紙芝居を見たあと、「あなただったら何を贈り物にしたいですか」などといったお題が与えられ、自由に絵を描かせます。その最中に教師から「どうしてこういう絵を描いているの」といった質問が行われています。お受験塾で勉強やしつけやお行儀を学んでも、幼稚舎に合格できるというわけではありません。

むしろ「獣身を成して後に人心を養う」という福澤の教え通り、読み書きや計算の能力より、のびのびと活動的に育った子どもらしい子どもが評価されるのです。慶應幼稚舎が小学校受験の中で最難関といわれるゆえんもここにあります。

なお幼稚舎に入学する保護者には、福澤諭吉の思想や考え方への理解と共感が求められています。入学願書にはたびたび福澤諭吉の考え方や『福翁自伝』を読んでの感想を記入する項目がもうけられています。通りいっぺんの感想では浅さが見抜かれてしまいますから、親はふだんから福澤諭吉の著書にふれ、考え方を理解する姿勢が必要といえるでしょう。

卒業までに遠泳一キロがマスト

入学後は、まさしく「獣身を成して後に人心を養う」授業が待っています。幼稚舎では勉強に関してはあまり厳しいことは言いません。しかし小学校在学中に遠泳一キロはどの子どもにも必須のノルマです。勉強ができなくても幼稚舎は卒業できますが、卒業までに遠泳一キロが必須ということで、どの子も懸命に水泳に取り組むそうです。

最近の小学校は怪我をおそれて、校庭ではあまり子どもたちを遊ばせませんが、幼稚舎では授業の合間の休み時間はもちろん、始業前や始業後、ときには授業をつぶしてまで校庭で元気に遊ぶことが行われています。

もっともあまりに遊びが中心になってしまうと、中学以降、受験で入学してきた子どもとの学力の差がついてしまうためか、おもに将来医学部をめざす子どもが多いクラスでは、勉学にも力を入れているといわれています。

なおクラスは六つに分けられていて、小学校六年間は、担任やクラスメートも変わりません。クラスごとに授業方針に違いがあって、担任の先生のやり方に大きく影響されています。万一、担任の先生やクラスメートと相性が合わなくても、六年間環境は変わりませんから、こうした点も理解した上で応募することが望ましいでしょう。

身体の成長を重視する幼稚舎の方針は、給食にもあらわれています。幼稚舎ではお弁当ではなく、食堂に集まり、カフェテリア方式で食べる給食が導入されています。調理はホテルニューオータニに委託しているといいますから、栄養はもちろん、素材や味にもこだわった質の高い食事が提供されていると思われます。幼稚舎出身者に聞くと、カフェテリアでみんなととる食事が何より楽しく、美味しかったと語っています。

福澤は『福翁百話』でも「身体の発育を重んずること」として、「衣服飲食の加減、空気光線の注意、身体の運動、耳目の習養等」とかなり細かく身体の健康や発育について心を配っています。幼稚舎が給食に特別な配慮をしているのもうなずけます。

また年間行事を見ても、さまざまな体育活動が用意されているのが特徴です。運動会のほかにも、卓球大会、テニス大会、縄跳び記録作り、スキー合宿、一キロ遠泳など、学年ごとに多様な行事が開催されています。さらに夏の海浜学校や春の高原学校ではマラソンや登山にも挑戦します。

まさに幼少期は獣身を成せという福澤諭吉の教えが守られています。幼稚舎の子どもたちには折に触れて、福澤諭吉の考え方に接する機会がもうけられています。命日には全員が福澤の墓参りに参加しますし、高学年になると、福澤諭吉の思想を学ぶ授業が舎長（幼稚舎では校長のことをこう呼びます）によって行われています。

幼稚舎で行事のさいにみんなで合唱する『福澤諭吉ここにあり』や『幼稚舎マーチ』などでは、高らかに福澤の教えがたたえられています。慶應義塾、とくに幼稚舎で学んだ者にとって、福澤諭吉はいまでも尊敬すべき偉大な先生であり、めざすべき理想の人物なのです。

付録2　ひびのおしえ

自らの子どもに与えた『ひびのおしえ』

『ひびのおしえ』は福澤諭吉が自らの息子、一太郎八歳と捨次郎六歳に対して、毎日一つずつ、家庭で守るべきことや約束について書いて与えた書付です。福澤はこれによって、わが子に徳育教育を行いました。

体育も大事ですが、徳育、つまり人間教育も大事だと、福澤は考えていました。徳育をおろそかにしてしまうと、「体だけは丈夫なんですけど……」というちょっと残念な人間になってしまいます。

この徳育は二番目の柱としてあげた家風とも共通しています。要するに徳のある人間を育てるには家庭教育、つまり家庭の雰囲気が大事だということです。

福澤が自らの子どもに行った徳育教育は、いまの私たちの家庭でも十分行えるものです。そこで本書の最後に、福澤が本当に基本的なものとして考えていた徳育とはどんなものかを具体的に見るために、この本についてふれておきたいと思います。

『ひびのおしえ』は最初に「おさだめ」として七つの大切なことが記されています。

一、うそをつかない。
二、ものを拾わない。
三、父母に聞かないで物をもらわない。
四、ごうじょう（強情）をはらない。
五、兄弟げんかをしない。
六、人のうわさをしない。
七、人のものをうらやまない。

福澤は「うらやむこと」、怨望が一番いけないと『学問のすすめ』でも言っています。人をうらやまないことを前提に、人のうわさをしないとか、兄弟げんかはいけないとか、大切なことを七つあげています。

福澤が『ひびのおしえ』を書いたのは明治四年（一八七一年）ですから、ちょうど『学問のすすめ』を書いていた頃です。自分の子どもと同年代の小学生にはぜひ読んで欲しいと思って『ひびのおしえ』を書いたのでしょう。

福澤は自分の子どもたちに読書をさせたり、早期教育に関することはいっさいやらせていませんでした。しかし心の教育はきちんとしていました。七つのおさだめに続いて、福澤は子どもに毎日一つずつ、「ひどいことをしない」とか「勇気とは」など、教えを書きつづっています。

そして『ひびのおしえ』二編は「東西、東西、ひびのおしえ二編のはじまり」とあり、「お定めのおきては六つ、耳をこちらに向けてよく聞き、お腹におさめて忘れないようにしなさい」と続きます。

「東西、東西」は「はじまりはじまり」の意味です。芝居でよく使う始まり方で子どもの興味をひきつけて、六つの大切なことを教えています。

「お天道さまを恐れ、これを敬いなさい」とか「父母を敬い、親しみなさい」「人を殺してはいけません」「盗みをしてはいけません」「人をだましてはいけません」「貪欲であってはなりません」などと六つの教えが並んでいます。

そして「学問をすべし」という項目もあって、ここでは人は「約一万八千日ほど寝ると、五十六、七歳のおじいさんとなって、楽しいこともなくなってしまいます。ですから、一日も油断をしないで、学問することが大切です」と面白いことを言っています。具体的に数をあげて、子どもに説明しているところも合理主義者の福澤らしい面白い説得法です。

生きる姿勢や徳育を子ども自身が読んで学ぶ

『ひびのおしえ』を書いた翌年、福澤は西洋の道徳的な話を紹介した『童蒙おしえ草』を発表しました。ソクラテスやジョージ・ワシントンの話、イソップ物語などの中から、子どもに良さそうなものをいくつか集めて紹介しています。

ちなみに福澤が出版した原文は文語体で書いてあるので、イソップ物語は漢文調になっています。それを読むと爆笑的に面白いものになっています。興味がある方はぜひ読んでみてください。

とにかく心の教育は大事だということで、『童蒙おしえ草』には人としての基本がきちんと網羅されています。礼儀の大切さはもちろん、うぬぼれてはいけないとか、威張ってはダメだとか、きちんと働きなさいとか、いろいろな人と交流しなさいというようなことを教えています。まさに徳育はここにあり、という本です。

いずれも、子どもが自分で読んで心を育てたり、善悪の判断ができるような基本的な姿勢を整えられる教科書になっています。

読み書きそろばんなどの知育の勉強は後からでも追いつけますが、生きる基本的な徳育や心のあり方は幼少期からバランスをとってきちんと教えていかなければいけないというのが、福澤が一番強調したかったことではないでしょうか。

諭吉はなぜ優れた教育者なのか――あとがきにかえて

近代日本をつくった最大の立役者

福澤の活動の中心には常に「教育」がありましたが、その教育観は、その生涯や人格と深く結びついています。そこで本書の最後、あとがきにかえてあらためてこの希有《けう》の人物について紹介しておこうと思います。

福澤諭吉の顔と名前は大変有名ですが、生涯を知っている日本人は必ずしも多くありません。福澤諭吉の生涯をひとことで言えば、日本の近代化とともにあった人生といえます。

生まれが一八三四年の天保五年ということですから、幕末から明治維新そして近代日本が成立するそのプロセスを自らの人生と重ね合わせて生きた人です。しかもただ重ね合わせただけでなく、近代日本を形作っていく立役者でもあったのです。

政治の世界には幕末の西郷隆盛《さいごうたかもり》から勝海舟《かつかいしゅう》、維新後の伊藤博文《いとうひろぶみ》、大久保利通《おおくぼとしみち》などたくさんの人たちがいますが、思想、文化、教育を通して未来の日本の形を示した人は福澤くらいで、その意味でも稀有な人物であったといえます。

政治学者で国際大学学長の北岡伸一さんがお書きになった『独立自尊』という本（中公文庫）には福澤諭吉の生涯や思想が、ひじょうにコンパクトにまとめられています。

その中で北岡さんは、福澤諭吉は「世界クラスの思想家である」と言っています。

さらに『福翁自伝』は世界の自伝の中でも最高傑作のひとつであると評しています。なぜならこの本には当時の日本のような、少し近代化が遅れている国が持っていた課題を一身に背負って自分の思想を作り、その思想力で近代化をリードしていった福澤の人物像が克明に記されているからです。それ自体が二度とくり返すことができない人生の軌跡をあらわしています。

激動の時代にあって、福澤は碇をおろしたようにぶれることがありませんでした。それは、彼がひじょうに柔らかな考え方を持った人だった証拠です。

直面した課題はあまりに大きいものでしたが、それに対する福澤の解答が深かったと北岡さんは言っています。このままいけば日本は植民地化されてしまうかもしれないというさせまった状況の中で、福澤はつねに日本の課題を自分の課題として取り込み、柔軟な頭で思考し、生きさった人物といえるでしょう。

自由闊達な教育思想は適塾時代に培われる

福澤がどんな人生を歩んだのかというと、彼が蘭学《らんがく》を志して長崎に行ったのが安政元年、二十一歳のときのこと。ちょうどいまでいう大学生くらいの年齢です。

そして当時、日本一と言われていた大阪の緒方洪庵《おがたこうあん》の適塾《てきじゅく》に入ったのが二十二歳、そこで勉学に励み、適塾の塾長となったのが二十四歳のときです。

この頃の勉学の様子が、いかにも青春爆発という感じで、『福翁自伝』に生き生きと記されています。

この適塾で合宿生活をしながら勉学生活を送った経験が、自由闊達《かったつ》な彼の教育思想を作っていく上でひじょうに大きかったといえます。

もともとの気質が自由闊達だったというところもありますが、緒方洪庵のもとですごした豪放磊落《ごうほうらいらく》な青春時代がなければ、あそこまで革新的にはならなかったのではないでしょうか。

福澤は緒方洪庵からも大きな影響を受けています。二十三歳のとき、福澤は腸チフスにかかって、緒方洪庵から手厚い看護を受けています。また学費の面倒も見てもらったりして、まるで親子同然にかわいがってもらいました。

そのときの経験がのちに慶應義塾で塾生たちに対して家族のように接したことにつながっているのではないかと思います。

愛情深い塾生への接し方

そうした福澤の人となりを伝えているのが慶應義塾の卒業生である松永安左エ門《まつながやすざえもん》という人が書いた『人間福澤諭吉』（実業之日本社）です（この本は慶應出身のスルガ銀行社長の岡野光喜さんから直接いただきました。スルガ銀行の施設の中には福澤諭吉の記念館があります）。松永安左エ門は長崎の壱岐《いき》出身で、東京電力の再編に関わるなど伝説の実業家と呼ばれた人です。彼の本はとても面白くて、一気に読めてしまいます。この本にはこんなエピソードが書かれています。

当時の慶應義塾では塾生が福澤の家の隣にある学生寄宿舎に住んでいました。福澤の家では鶏がたくさん飼われていて、食欲旺盛な寄宿生の目の毒になっていたそうです。

あるとき、ついに誘惑に負けた塾生たちは、鶏のうち一羽をしめて、みんなで食べてしまいました。骨は裏庭に穴を掘って埋め、完全犯罪をもくろんだのです。

すると二、三日後のこと、福澤から名指しで、「晩飯をご馳走するからおいで」と呼び出しがあったといいます。

行ってみると、ふるまわれたのは鶏鍋でした。「どうだ、うまいだろう。もっと食え、もっと食え」と言われて、さすがに松永さんたちは鶏鍋がのどを通らなかったと書いてあります。

すると福澤は「鶏鍋ていどなら、月に一度ぐらい、わたしがご馳走しますよ。よかったらちょくちょくおいでなさい。よそのニワトリなんぞには眼をつけんがよろしい」と諭します。

いかにも福澤諭吉らしい教育のやり方ではありませんか。叱るのでもなく、「ちょっと来なさい」といって鶏鍋をごちそうし、「もっと食え、もっと食え」と言う。言われたほうは、肝が縮み上がったに違いありません。

頭ごなしに叱るより、ずっと効果的な教え方です。このエピソードひとつとっても、彼が塾生たちにいかに愛情を持って接していたかがわかります。

このように寝食をともにするという生活の中で、慶應義塾の初期の学生たちは育っていきました。

松永さんの本には福澤の実学精神を語る面白いエピソードもあります。あるとき塾生たちの間でお国自慢をしたことがあります。壱岐出身の松永さんはついほらを吹いてしまって、「壱岐の海女は二十分、三十分は海にもぐっていられます」と言ってしまいます。

すると福澤は「ちょいとお待ち」と言って、「誰か洗面器に水を入れて持っておいで。松永君がどれだけ息をしないでいられるか試してやろう」と言うのです。

松永さんはあわてて「それくらいはもぐっているように思いましたから」と言いわけします。すると福澤は「不確かなことは、何事も事実でためしてみるのが学問というものだ」と諭します。

これには参ってしまったと松永さんは書いています。

「揚足《あげあし》取りも上手であった。われわれをこういうやっつけ方で始終愉快がっておられた」と記していますが、実学で塾生たちを鍛える福澤の熱情が伝わってくるようです。

福澤に見られる余裕がバランス感覚を作る

こうしたエピソードを読んでも、ちょっとしたことで塾生と交わりながらも、大事な精神を伝えていく福澤のやり方に、ひじょうに余裕を感じます。

おそらく福澤諭吉という人間は、相当の余裕をもってこの世を生きたのではないでしょうか。普通の人間がいっぱいいっぱいで生きているとすると、福澤は明治のこの激動の時代にあっても余裕をもって生きていたのです。

だから大きく判断を誤ることがありませんでした。近代化に関しては先頭に立って進めた人ですが、その判断は中庸というか、極端には走りません。そのつど、バランスが取れた判断ができるのは、物事に対して余裕があったからにほかなりません。

精神の余裕、能力の余裕、心の余裕に加えて、身体的にもずいぶんしっかりした人だったようです。刀に関する興味深い話もあります。

福澤は武士の出身なのに、刀はこわくて絶対に持たないと表明していました。それは刀が使えないのではなく、実はかなりうまかったのではないかというのです。

あるとき友人の家を訪問した福澤は、その家に置いてあるひじょうに長い刀に目を留めます。「あれは居合の刀ではないか。君はこの刀が抜けるのか」と友人にたずねると、「とても一気には抜けない」と友人は答えます。

すると福澤は庭におりて、一気にその刀を抜いてみせたそうです。

「私は刀は抜けるけれど、持っていない」というのが福澤の口癖で、その理由はバカほど怖いものはない。急に何をするかわからないので、いち早く逃げるには刀など持たずに身軽でいたほうがいい、ということだそうです。

それはどこかひょうひょうとしている福澤の肖像写真にもあらわれています。福澤のように何事も恐れず、明快さを求める人間、すっきりとさわやかに前を向いていく人間が増えれば増えるほど、日本の未来も明るいと私は思います。

もしかしたら福澤は、当時としては急進的な考えを持っていたのかもしれません。漢学ではなく実学を重んじたという点ひとつとっても、急進的な側面を持っていたように見えますが、彼自身はバランスのとれた社会の形成をめざしていました。

いい意味での保守性も持っていたのではないかと思います。

福澤と孔子は似ている?

福澤のそうした生き方は孔子に似ていると思います。

孔子も若い頃、猛烈に勉強し、そのあと私塾という形で若い人と接して、言葉を交わしながら教育を行い、自身がリーダーとなり、さらにリーダーとなる人を育てています。

このやり方が、同じように私塾で教えた吉田松陰《よしだしょういん》とは正反対で、穏やかな中でバランスをとるものでした。そのあたりが孔子と福澤は似ているのです。

一方、吉田松陰の松下村塾《しょうかそんじゅく》は本当に激烈な集団でした。松陰自体が処刑されてしまいますし、塾生の久坂玄瑞《くさかげんずい》なども志半ばで亡くなっています。激しい時代ではありましたが、激烈な人生をたどったのは、吉田松陰自身の気質もあったと思います。

それに比べると、福澤はバランスがとれた教育者だったといえます。

松永さんは論語の中から弟子の顔回の「先生はこれを仰げばいよいよ高く、これを鑽《き》ればいよいよ堅く、これを瞻《み》れば前に在り、忽焉《こつえん》として後に在り」という言葉を取り上げ、「そっくりそのまま、福澤先生に対して、われわれ門下生が使わせてもらいたい」と記しています。

仰げばどんどん高くなりますが、変幻自在であり、親しみやすいものだからつい身近に感じてしまう。どこまでも高い山のごとくというところが福澤先生のようだ、というわけです。

孔子同様、先生に接して弟子たちに残ったものは、DNAとして後世に伝えられていったのです。いわば福澤諭吉の〝諭吉DNA〟というものが塾生たちに浸透し、システムではなく、福澤精神として生き続けてきたのです。だから慶應はいまでも日本を代表する私学として成り立っているのではないかと思います。

慶應には卒業生で構成する三田会のほかに、同窓生が中心となって作られた社交クラブ交詢社があります。私も招かれてお話をさせてもらったことがありますが、その慶應連合三田会長を長年務められた服部禮次郎さんがお書きになった『慶應ものがたり』という本は大変面白いものです。

そこには慶應義塾が大学として発展していく様子が書かれています。福澤諭吉という水源から大河となって、卒業生たちが日本の実社会を支えていく、その様子がつぶさに描かれているのです。

実際、私が社会に出てみて痛感するのは、慶應出身者の結びつきの強さです。東大出身者の場合はけっこうバラバラなのですが、それに比べると慶應は横の結びつきはもちろん、年度が違ってもOBとの人脈が強い印象があります。

それもやはり福澤諭吉のDNAが中心にあって、強固なつながりができているからではないでしょうか。

全体を見て、システムを学んだ人

福澤諭吉の生涯にはいくつか転機がありました。

緒方の塾で学んだこと、咸臨丸でアメリカに渡ったこと、それからヨーロッパを知って、それを『西洋事情』にまとめたことなどです。これらを経て、福澤の中では近代化の準備がほぼ終わるわけです。

当時のアメリカやヨーロッパを見て、福澤が得たものは思想だけではなく、世の中を動かしている力、システムについての知見だったのではないでしょうか。彼は西洋に行き、社会の仕組みがどうなっているのかを学んで帰ってきたのではないかと思います。

たとえば鉄道にしても、鉄道の技術というより、鉄道のシステムを、これがどう運営されているのかという実際的な面も含めて事細やかにチェックして帰ってきています。列車をどう作るのかという学び方もあるとは思いますが、そうではなくて、福澤は全体を見通すシステムのあり方に注目しています。

いまでいうとシステムシンキング、システム思考です。部分で見ずに全体で見て、相互の関連をはっきりさせていく。社会全体が仕組みとしてどうなっているのかというところに視点を置いています。

それは経済活動だけでなく、政治に対しても同様です。福澤はすべてのものの仕組みを見抜いたうえで、それを運営する人間をどう育てるか、というところに着目していったのだと思います。

しかも、アメリカを見て、ヨーロッパを見るという、当時の日本人としては稀有な体験を自らの積極性によって切り開いていったわけです。その頃の福澤はアメリカに乗り込むほどの身分ではありませんでした。しかし自らの積極性でその機会をつかみとっていきます。

そして『西洋事情』として、見てきたものを紹介するのですが、これも単なる見聞録ではありません。今までにない観念を理解して伝えているものです。

北岡さんの『独立自尊』にも「『西洋事情』はけっして単純な紹介の本ではない。日本ないし中国文明圏に存在しない観念を紹介することは、創造以外の何ものでもない」と記してあります。

福澤の『西洋事情』で伝えられている内容は、クリエイティブ、創造であって、深く大元の意味を理解していないと、紹介できないものである、ということです。

「権利」という言葉ひとつ取ってもそうです。「権利」などという概念は江戸時代には存在していませんでした。

「権利」の「利」は、福澤は「理」という漢字を当てましたが、深い理解を持って、それが世の中でどういう働きをするのかを体系的に理解した福澤がいたからこそ、いま私たちは一般的な概念として、常識のように使えるのだと思います。

しかもただ世の中のシステムを理解しているだけではなく、それを支え、動かしていく人間を育てなければいけないということに注目したのが、福澤のすごいところです。

人間を作るときに中心になるのは何かといったら、独立自尊の精神です。そういう人格を育てていくのは、大事業だったと思います。

なぜなら当時の日本人は権力に対して、へつらってしまう卑屈さを持っていたからです。将軍に対してはもちろんのこと、武士の中でも上士と下士の身分制度があり、下士は上士と道ですれ違うときに平伏しなければなりませんでした。武士の下には農民がいて、その下は商人で、というように士農工商の身分社会が厳然とあったのです。

その身分制度を取り壊して、みなが独立自尊の人格を持ち、この国を守る気概を持つという、そこへ転換していくのは大事業だったと思います。

福澤は慶應義塾や国民的ベストセラー『学問のすすめ』を通して、その考え方をかなりの程度浸透させていきました。ものすごい力技だったと思います。その根幹には、福澤の人間としてのぶれないまともさがあったのではないかと思います。

そのまともさが福澤の人生を見渡したときもかいまみえます。福澤はきちんとした家庭を持ち、多くの子どもたちに恵まれて、その子たちをしっかり教育しています。そして塾生も教育する。

さらにお金に対しても、ひじょうにきれいで、汚いところがありませんでした。体も丈夫で、六十八歳まで生きて亡くなっています。

家庭人としての福澤を見ると、ここでもバランスの取れたまともな生き方が見て取れます。その時代には珍しく、女の子も男の子も区別せずに育てていて、それがいまの家族のモデルにもなっているといってもいいでしょう。

家族旅行などもしていて、六十三歳のとき、「信越、上州に家族と旅行」という記録もあるようです。

そんなふうに家族を大切にし、子どもたちをかわいがって育てるという、ひじょうにまともな人間でした。

DNAが広がっていくのが理想の教育者

私自身は教育学を志してきたので、先人の教育者にモデルを求めていました。その中でも、高校時代から論語を読んでいた関係で、とくに孔子の存在が気になっていました。孔子が弟子たちとどういう関係を持っていたのかに興味があったのです。

勇猛果敢な子路に対する接し方や真面目で努力家の顔回に対する接し方など、弟子それぞれの個性を見極めながら教えていく孔子の姿勢は、まさに理想の教師そのものだと思いました。

こんな師弟関係は素晴らしいと思い、日本ではどんな人がいるのだろうと探したとき、松下村塾で弟子たちを教え鼓舞した吉田松陰と、慶應義塾を作った福澤諭吉の二人が教育者のモデルとして浮かび上がってきたのです。

ただ吉田松陰に関しては私は好きですが、彼は激烈な人格の人ですから、どちらかと言うと平時には向いていないと思います。いまの時代なら、あれぐらい激烈な人物が少しはいてもいいのかもしれませんが、福澤諭吉の場合は平時であろうと、激動の時代であろうと、どんな時代においても通用する教育者だったと思います。

教育の内容だけではなくて、こんな人物像が求められるというロールモデルとして福澤はいまの時代でも間違いなく通用する人間です。

吉田松陰は「なぜ君たちは革命に向かって奮い立たないのか。私はここに魂を置いていくぞ」というような人ですから、私は好きですが、本当にそういうような人ばかりになってしまったら、日本は少し熱すぎる国になってしまうでしょう。

ホットとクールという点で、松陰と福澤は私の中では対になっている人物です。

また緒方洪庵もひじょうに偉大な先生だったと思います。福澤諭吉をして緒方洪庵の教育が花開いたわけです。いろいろな教え子が緒方の適塾から出ていますが、その中でも直接教えた福澤諭吉によって緒方洪庵のＤＮＡが広まったとみることができるでしょう。

慶應義塾の卒業生や関係者が福澤について語るとき、ついこの間まで生きていた人のように「福澤先生」「福澤先生」と言うのが、私にはとても印象的で、うらやましく思われます。

私は国立大学出身のくせに、私塾にものすごく憧れていて、『私塾のすすめ』という本まで出してしまいました。私塾という形で、人が人に対して親身に教えるのが本来の教育のあり方だと思っています。

生活も勉強もともにして、やりとりをしながら、いちばん大切なものを伝えていく私塾の教育には学校教育だけでは満たしえない、塾ならではのものがあると思います。

慶應義塾は立派な学校になりましたが、どこかに塾が持つ良さを残しています。福澤も慶應義塾は普通の学校ではなく、塾であるというところにこだわっています。おそらく緒方洪庵の適塾の塾生たちの空気を残したかったのではないでしょうか。

私自身が塾に憧れているので、大学の授業をしていても、ほとんどゼミが塾のようになっています。卒業式になるともう何十人も集まって、ＯＢも集まり、ひとつのＤＮＡを共有しながら、盛り上がります。自分にとっても憧れというかモデルとして存在しているのが福澤諭吉です。

いまの日本でもリーダーになれた人

私は大学に入ったとき、『福翁自伝』に出会ったので、福澤諭吉に関しては『福翁自伝』から入りました。その頃私は『フランクリン自伝』とか『チャーチル自伝』など自伝が好きで読んでいました。そして『福翁自伝』を読んだとき、こんな面白い人生があったのかと感動してしまいました。これは世界で最もおもしろい、最高傑作の自伝ではないかと思ったのです。

激動の時代に生きた福澤諭吉がうらやましいと思いましたし、このようなダイナミックな時代で、これほど精神の明るさを保って生ききれたのであれば、いまの日本ならもっともっと理想の教育ができるのではないかと励まされました。

よく「明治という時代だからできたんだ」と言う人がいますが、いまの時代のほうが、やろうと思えばできる時代です。確かにシステムが複雑になって、制約が多いようにみえますが、そんなことはなく、いまは一般の人がツイッターやフェイスブックなどインターネットを利用して、自分の考えを世界中に発信していくことができます。

私は福澤諭吉なら、いまの時代でも当然リーダーになっただろうと思います。『福翁自伝』を読むと、そのスタイル、語り口によって福澤の人間の大きさがひしひしと伝わってくるのです。ああいう力の抜け方と度量、そして威張ったところがなく、でも自慢もする。こんなに楽しくて愉快な人物がほかにいるでしょうか。

諭吉という名前は、お父さんが大事にしていた本から「諭」の字をとったらしいのですが、もしかしたら「愉快」の「愉」でもよかったのかもしれないとさえ思ってしまいます。私は『福翁自伝』を読んで、内容以上に人間としての明るさに感化されてしまいました。そしていつかは自分も塾を作り、慶應のような大河を作ろうと思いました。

私はいま大学で教員養成をやっていますが、教師になる人を育てるということは、その教師が中高生を教えるなら毎日二百人ぐらいを相手にするわけです。すると目の前に百人、教師になる人がいたとしたら、その背後に未来の二万人の生徒がいる計算になります。

だから私はつねに二万人を相手にしているという意識で授業をやっています。それで五十年教えることになると、かける五十だから百万人です。自分は百万人を教えているのだという気概を持って、授業に臨んでいるのです。

それは種まきと同じです。教育は植物と一緒で、種から育っていくものです。ＤＮＡがこんなにも、時代さえ超えて広がって育つものだということを教えてくれたのが福澤諭吉でした。

教育学者としてもこれほど実績を残した人物はほかにいません。世の中全員の人に福澤について知ってもらいたいと思っています。

そんなこともあって、福澤諭吉の『学問のすすめ』と『福翁自伝』をことあるごとに宣伝しています。本当は慶應出身の方がこういう仕事をするにはふさわしいと思うのですが、外部の者の気楽さもあり、こういう紹介をさせていただくことで、福澤諭吉のＤＮＡが広まっていけば、日本も明るくなっていくのではないかと思っています。

また実際の子育てという点に関しても、日本中の家庭に直接生かせるアドバイスをしてくれる頼もしい存在でもあります。子育ての先輩として福澤諭吉を再認識できれば、この本を出した意義があったと思います。

私自身も子育てという切り口で再度、福澤諭吉を見直したとき、彼がひじょうに実践的である点に驚かされました。

たとえば福澤は身の回りのことに細かく注意を払っています。家庭経済の倹約や子どもの衛生についてなど、参考にすべきアドバイスがたくさんあります。

あまりケチケチしてはいけないとか、借金はしないというアドバイスも含めて、子育てで子どもに伝えたいこと、あるいはこんなふうに子どもに接したらいいということが、具体的に語られているのです。

その意味では今回の本がみなさんと福澤諭吉との距離を縮める機会になっていれば幸いです。どこのご家庭でも一万円札に刷ってある福澤諭吉の顔はあるわけですから、この機会に「福澤諭吉はこの人ですよ」「こういうことをした人ですよ」と、お子さんに話していただけると、素晴らしい家庭教育の一環になるのではないでしょうか。

参考文献

【福澤諭吉著作】

『女大学評論・新女大学』林望監修、講談社学術文庫、二〇〇一年

『学問のすゝめ』岩波文庫、一九四二年（『現代語訳　学問のすすめ』齋藤孝訳、ちくま新書、二〇〇九年）

『新訂　福翁自伝』富田正文校訂、岩波文庫、一九七八年（『現代語訳　福翁自伝』齋藤孝訳、ちくま新書、二〇一一年）

『童蒙おしえ草　ひびのおしえ』岩崎弘訳、慶應義塾大学出版会、二〇〇六年

『福翁百話』服部禮次郎編、慶應義塾大学出版会、二〇〇九年

『福沢諭吉家族論集』中村敏子編、岩波文庫、一九九九年

『福沢諭吉教育論集』山住正己編、岩波文庫、一九九一年

『文明論之概略』松沢弘陽校注、岩波文庫、一九六二年（『現代語訳　文明論之概略』齋藤孝訳、ちくま文庫、二〇一三年）

【その他】

石井至『慶應幼稚舎』幻冬舎新書、二〇一〇年

北岡伸一『独立自尊　福沢諭吉の挑戦』中公文庫、二〇一一年
服部禮次郎『慶應ものがたり　福澤諭吉をめぐって』慶應義塾大学出版会、二〇〇一年
広島テレビ放送編『いしぶみ　広島二中一年生全滅の記録』ポプラポケット文庫、二〇〇九年
松永安左エ門『人間福澤諭吉』実業之日本社、二〇〇八年
山崎光夫『北里柴三郎』（上・下）中公文庫、二〇〇七年

子育《こそだ》ては諭吉《ゆきち》に学《まな》べ！

二〇一四年 八 月二十五日 初版第一刷発行
二〇二四年十一月 十五 日 初版第二刷発行

著者 齋藤《さいとう》 孝《たかし》
装幀 石間淳
装画 たつみ なつこ
発行者 増田健史
発行所 株式会社筑摩書房
東京都台東区蔵前二―五―三 〒一一一―八七五五
電話番号〇三―五六八七―二六〇一（代表）
印刷 三松堂印刷株式会社
製本 三松堂印刷株式会社

ISBN978-4-480-87878-6 C0037